中国播音学丛书

播音主持心理学

祁 芃 著

中国传媒大学出版社
·北京·

图书在版编目(CIP)数据

播音主持心理学/祁芃著. -- 北京:北京广播学院出版社,1999.10
(2024.7重印)
ISBN 978-7-81004-815-6

Ⅰ.播… Ⅱ.祁… Ⅲ.①播音员—心理学 ②主持人—心理学
Ⅳ.G224

中国版本图书馆CIP数据核字(1999)第60338号

播音主持心理学
BOYIN ZHUCHI XINLIXUE

著　　者	祁　芃
责任编辑	王克瑞

出版发行	中国传媒大学出版社		
社　　址	北京市朝阳区定福庄东街1号	**邮　　编**	100024
电　　话	86-10-65450528　65450532	**传　　真**	65779405
网　　址	http://cucp.cuc.edu.cn		
经　　销	全国新华书店		

印　　刷	唐山玺诚印务有限公司
开　　本	850mm×1168mm　1/32
印　　张	7
字　　数	163千字
版　　次	1999年10月第1版
印　　次	2024年7月第11次印刷

书　　号	ISBN 978-7-81004-815-6/G·815	**定　　价**	12.00元

本社法律顾问:北京嘉润律师事务所　郭建平

目 录

序

张　颂

心理学的研究成果正在扩展，正在深入。许多学科，不少职业，也正在拓宽研究领域的过程中，吮吸着心理学的养分，甚至把自身与心理学结合起来，建立了心理学的分支学科，这就从不同角度、不同侧面，丰富了心理学，也丰富了本学科的内容，从而更具有理论和实践意义。正是在这方面，祁芃副教授的专著《播音主持心理学》将为中国播音学的建设作出开拓性的贡献。

中国播音学，是随着广播电视事业的发展而兴起的新学科，她应该包括：导论、播音发声学、播音创作基础、播音业务（新闻、通讯、评论、文艺、配片、主持人）、播音主持心理学、播音美学和播音教学法。后三项正在探索中，一些有志者已开始进入写作阶段。

祁芃同志是北京广播学院播音系的骨干教师，长期担任播音创作基础教研室主任、系学术委员会委员，有丰富的教学经验，并以“对象感”的研究为先导，开始了播音心理学的资料搜集和理论积累。现在，终于写成书稿，即将付梓，其中饱含着她对播音学科建设的执著追求，对培养播音员的强烈事业心，凝聚着她多年的心血和开拓进取的勇气，难能可贵，可喜可贺！

播音主持心理学，要以主体心理和接受主体心理的呼应及各自心理过程，心理变化规律等为研究的轴心，并非普通心理学体系加播音实践例证，或播音创作理论加心理学一般概念就可以敷衍成篇的。祁芃同志的这本专著，从框架构想到各章节的设置，都自成体系，紧紧抓住研究的轴心，既向外扩展，又向纵深开掘，力求做到理论和实践结合、阐述与训练结合、共性与个性结合，深入浅出、细致入微地讲述了许多重要道理和方法，使初学者、有播音经验和教学经验者及研究者都能从中受到启迪，是很有指导意义的。

由于这是第一本播音主持心理学的专著，不可避免地存在着草创期稚嫩性的缺点，有些问题尚欠准确精当，有些问题不够深刻具体，还需要进一步探讨、完善。特别是播音主持心理学应有特定的哲理性内涵，必须强化悟性思辨和文化积淀；播音主持心理学还要分出层次，如年龄层次、经验层次、气质层次等，以构筑不同群体的心理研究层面，有效地予以剖析和训练。

播音学的研究，当前已经广泛开展起来，未开垦的处女地比比皆是，播音同行的不断切磋，经常探讨，互相鼓励，携手共进，必将促进播音质量的迅速提高，必将把理论研究推向一个新境界！有一支宏大的播音专业队伍，是我国广播电视的特点和优势之一，在理论研究上的累累硕果，正是这支队伍日益成熟的标志。我们一定会迎来明星璀璨、英才辈出的新时代！

第一章　播音主持心理学研究的对象、任务、作用

播音主持心理学是集播音主持、艺术、普通心理学、生理学、社会心理学、哲学、美学等各门学科作用于播音创作与受众的心理活动过程而产生的一门新的学科，也是上述各学科相互交叉的边缘学科。

播音主持心理学在整个播音领域中占有重要位置，大量的教学实践与多年的播音实践都说明：无论是播音创作，主持人实践，还是受众接受，都是特殊的心理行为，播音是一定的心理活动过程，用心理学的观点和方法研究播音主持创作和受众接受过程中的这些心理现象和心理活动，使播音主持中的问题在播音主持心理学范畴内得到阐释。这对探讨其规律，提高教学和广播、电视的宣传质量都将是很有意义的。

第一节　播音主持心理学研究的对象、任务、作用

讨论播音创作的心理活动过程及其规律，这是从创作主体——播音员主持人方面进行探讨的。

另一方面，讨论受众接受的心理活动及其规律，这是从宣传

对象——观众、听众方面进行探讨的。

总之，播音创作主体和受众接受主体是播音主持心理学研究的中心问题。

第一，探讨播音创作主体的心理过程、创作中的心理要素、心理活动及规律、播音员或主持人的个性与才能。

第二，探讨受众接受的心理过程、接受态度、受众的个性共性心理特征。

探讨立足于创作主体与接受主体的相互关系，又着重于分析创作主体对接受主体的心理反应的能动性。

为什么要研究播音主持心理学？

笔者曾耳闻目睹了不少因播音员、主持人心理状态不能自控、新闻直播中或现场主持中紧张怯阵不能自已的情景，也亲眼见到过在实况录像、晚会主持中或播新闻遇紧急来稿时，因为播音员、主持人的心理素质好，冷静沉着、应付自如，使能力得到很好发挥。可见研究播音员、主持人的心理状态及其规律，进行心理素质培养与训练就显得尤为突出与重要了。随着广播电视事业的发展，给播音员、主持人提出了更高要求，不但有稿播音能锦上添花、引人入胜，无稿播音也能出口成章、机敏洒脱，表现出极强的组织才能与表达才能，勇于探索进取，使播音不断得到完善。总结这些播音员、主持人的个性特点，不难发现他们都具有良好的心理素质。这心理素质制约着政治、文化、业务素质的发挥。心理素质若不过硬就很难适应改革中日益发展的新形势，在竞争中就会因适应力不强而被人取而代之。

播音主持心理学的建立将有助于播音员、主持人心理素质的培养与教育，有助于教师对学生进行积极的心理诱导，更有助于播音员、主持人，特别是年轻播音员、主持人战胜自我，尽快渡过话筒前、镜头前的不适应而造成的紧张怯场，自如地实现自我调控，提高大脑对内脏器官活动和思维过程的调节支配能力，加强情绪的稳定性和自控力。更重要的是可以使播音员、主持人获得良好的心理品质，增强机敏、自信和适应能力，有助于提高业务技能，取得最佳的宣传效果。利用心理学方面所积累的有关知识对受众进行诱导指向。用最佳的方法讲求与受众的沟通。研究保持注意的条件，避免不利注意的出现，加强节目的感染力，理解熟知受众的层次水平、期待要求，使播音更有的放矢；受众的期待、好评、意见、建议又可调整完善播音创作，而好的播音创作又陶冶、影响、改变着受众的趣味与需求，两者在推动促进宣传的发展中能起到互为依存的作用。

第二节　播音主持心理学的内容体系

播音主持心理学研究的中心问题即是播音创作主体和受众接受的主体，以及相互间的关系。

在播音创作主体心理素质中分析了心理状态的复杂效应，以及合理调整，指出消除心理障碍的办法有：

一．生理调控法。如深吸气，徐徐呼出，并收缩腹部三角区肌肉可防止体内造成恐惧的化学物质——肾上腺素的产生，还可以减少疲倦并产生能量。遇到现场直播或者是考试前用这种办法调控，像冒汗、手心出汗等紧张感就可以得到缓解。因为人的内脏活动是受主神经系统支配的，人也可能在一定程度上随意地调节自己的内脏活动，如影响心跳节律、血压升降、皮肤温度、内分泌水平等由生理活动的改变带动心理活动的改变，达到自我心理调控。

二．心理诱导法。是用含蓄的暗示方法对人心理和行为产生影响，给人脑以兴奋的刺激，这种心理影响表现为使人按一定方式行动或接受一定的意见或信念。暗示的意义：树立必胜信念，克服一切不利因素，实现积极的自我暗示，稳定自己的情绪才能发挥水平。当面临直播或考试应尽量避免去想可能使自己不安的反面刺激，诸如“别慌”、“别紧张”等暗示语言是消极的，因为它容易引起心理负担产生，所以要进行积极的暗示，如“我一定能成功”、“我会顺利”……这种积极的暗示对心理诱导作用影响很大，一定的目的和意志能够在一定程度上控制自己的情绪，克服紧张情绪的不良影响。

播音创作主体要想获得最佳状态，就要学会运用消除心理障碍的一些方法。

播音创作主体心理要素之一——感受。

一个好的播音员、主持人得有颗易感的心灵，如果播音员、主持人情感世界贫乏、冷漠，就没办法播出振奋人心的消息，而情感丰富、感受力强才会有较好的知觉效果，在知觉客观事物时才能迅速诱发真实的感受，唤起真挚情感。

播音感受的特征必须又是全身心的去体验，具有敏感的感受能力，同时带有情感性和主观性。

要发挥感受在播音中的作用就要注意：忌感受的笼统化、表面化；注重主观能动作用的发挥；理解是感受的基石。

播音创作主体心理要素之二——想象。

想象的生理心理基础与种类，重点阐述了播音想象的特征：要有具体视象、设身处地的体验、有情绪记忆参与并运用联想。

播音创作主体心理要素之三——情感。

情感是大脑皮层和皮层下中枢协同活动的结果，外界的刺激通过人的各种感官传至大脑皮层，大脑皮层通过对它们的评价而形成一定的态度。情绪过程是被皮下结构调节的，而评价、认识等过程则是大脑皮层的机能，大脑皮层促成感情体验，下丘脑促成情绪表现。

情感是播音创作的动力源泉，它对加深认识情感的多维性，对更精细地把握情感的尺度分寸将会提供依据，愈是成熟的播音员、主持人，驾驭感情愈是在细微处显功夫。

情感往往由不同的情绪组合而成，显得很复杂。以至不同的情绪的外延与内涵模糊不清，时常表现出各种双重情感，如“悲喜交集”、“既爱又恨”等等。

情感在播音创作中的功能：一情感在播音创造中的动力性。如齐越播焦裕禄给人留下难以磨灭的印象，可以说得力于他深入生活后的丰富体验，他深深感到基层多么需要有胆有识的带头人，一种蕴积在齐越内心的强烈情感在激荡，激起无限的能量去创作，才收到了感人至深的效果。二情感在欣赏接受中具有感染作用。强烈地震撼人心的作品有这些特点：情感多是切身体验过的独特真实情感，并超越了自我而升华到普遍性的人类情感。

情感的唤发过程：积累与凝聚、强化、触发。激情触发要有刺激强烈的景物、事物；情感需凝聚到足以爆发的强度才行。

随着广播电视事业的发展，受众在传播活动中的地位、作用已被摆到整个宣传工作的突出位置，这就迫使我们要对受众的接受心理认真研究探讨，以期获得最佳的社会效应。

受众心理定势，是个体对某种行为作好的准备，这种定势是一种完整的心理状态，播音员、主持人要考虑到受众的社会心理状态，要了解受众的共性心理及特性心理，地域、文化层次差异的影响，受众群类型分析，不同年龄的受众有着各自的收听收视心理差异。利用心理学方面所积累的有关定势改变规律的认识进行诱导指向。

广播电视传媒多以正面诱导为主，实事求是，积极诱导，提高受众的欣赏情趣和品味。

宣传者本身威信高则其宣传效果就好，宣传者威信不高则其宣传效果差。人们需要有权威的、有声望的人来扩大威信对人们的影响力。

播音员、主持人的仪表素质体现着内在的品格，是自尊、自重、自我完善的一个重要方面。

广播电视中留给受众的第一印象也不能忽视，因为它往往起到先入为主的作用。一旦形成某种印象不佳的固定看法，受众一接触就不想收视，立即改换频道，使宣传效果化为零。但第一印象也不是不可改变的，只有在不断交往中才能修正刻板印象所造成的“余象”，有的播音员、主持人，给人第一印象欠佳，但时间一久，被其颇有功底的语言功力所感染，有些受众言语间还流露着对她的喜欢与信任。

逆反心理虽是一种抵触性很强的态度，但正确的逆反心理却像一面镜子，使人引以为鉴。受众心理定势诱导，广播电视传媒以正面引导为主，实事求是，重视引导受众的欣赏趣味，传媒不能迎合某些受众的趣味，而应积极引导，提高受众的欣赏品味，向高雅层次迈进。宣传要研究注意的功能、分类及保持注意的条件，避免不利注意的出现，以吸引受众注意，加强节目的感染力，这是个不容忽视的心理方法问题。

电视播音员、主持人在报告新闻时转动手中的钢笔，这一小动作对创作主体可能出于好意，想缓解正襟危坐播讲的呆板，但小动作会干扰破坏收视新闻的注意力，播新闻时因缺乏外界刺激，大脑的兴奋难以维持高水平，此时附加的哪怕是微弱的刺激，不但不会减弱注意，反而会加强注意使收视新闻的注意产生它移。这种不利注意在宣传中应尽力加以避免。

播音员、主持人具备了较好的注意分配能力，就能在直播中机敏地纠正差错，注意力集中于内容而不受其他干扰；电视播音员、主持人能在播报稿件内容的同时兼顾着抬头与观众交流；解说时耳朵监听着音响、戏词，同时判断着插播解说的时机，并兼顾着情感与之吻合，音量控制适当……如果播音员、主持人没有很好的注意分配能力，就难以把多头绪的工作纳入和谐统一的有机整体。

播音员、主持人还必须自觉地有意识地借助媒介刺激迅速唤发情感，并转换情感。

播音创作和受众接受是个反馈的循环系统，传者尊重受众是宣传的宗旨，也是宣传自身的内在要求，离开了受众，宣传就失去了存在的价值与发展的动力。受众的能动作用表现在其产生的舆论具有推动宣传改革的功能，既然传者与受众是双向反馈的循环运动，那么就必须加深双向心理研究。剖析受众接受心理条件、受众心理对传者的影响作用。同时注意宣传艺术，诱导效应是巧妙的宣传方式，与受众沟通讲究艺术与技巧才能收到事半功倍的效果。

气质类型无好坏之分，任何一种气质类型都有其积极方面和消极方面，气质也不能决定一个人活动的价值和成就的高低，气质类型不同，并不影响他们取得成就，每种气质的人都可能出人才，也可能出庸才。

气质是构成人的各种个性品质的一个基础性格，有相对稳定性，但又有其可塑性。性格是在生活历程中形成的心理特点，一个在工作学习态度上认真踏实的人，在意志上就有较好的自制力；一个具有谦逊品质的人，情绪往往就较稳定，所以性格是有好坏之分的。

电视播音员、主持人代表着一个国家、省市、地区人民的精神风貌，其工作性质对电视播音员、主持人的形象气质要求是较严格的。东方民族更喜欢含蓄、端庄、稳重、大方的气质特征。

播音员、主持人学会控制自己的性格是很重要的，如开朗爱笑的播音员、主持人在电视新闻中就要使自己的本色有所收敛。而在文艺晚会节目主持中则可以按节目风格显现个性特点。反之平素沉稳端庄不太活跃的播音员、主持人在新闻联播中可以自然地让本色气质显露，可是遇到主持晚会节目时就要注意到自己拘谨的弱点与节目场合不相宜，要有意识锻炼自己，自觉调节自我，把路子拓宽，向洒脱自如努力，平日多参加登台朗诵，当众锻炼表演能力。又如羞涩腼腆的播音员、主持人出于工作需要在大庭广众采访转播，就要在干中努力学习，克服自己气质中消极的方面，改造个性以适应工作的需要。

播音管理当中的心理问题是侧重队伍的建设与管理进行论证的。如选拔人才时的心理学体现在试与被试之间。被试者若适应力差、自卑、性格懦弱就容易紧张怯阵；试者考核也受种种复杂心理效应的影响，如晕轮效应、情感效应、暗示效应、集中趋势效应、首因效应等都会把考核引向不客观、欠科学方向。

培养教育方面要知人善用、因材施教、放手使用、不论资排辈，特别要注意品德教育，抓住动机、事业心、责任感的培养教育。

管理中影响集体成员积极性的并不是金钱和物质报酬多少，主要是集体中的人际关系，以及人们对集体和工作的态度与感情。

集体人员构成以异质结构组合即梯队形分布为佳。群体若具有目标整合、志趣相投、心理相容、互补型，那么它的凝聚力就强。

思想政治工作要引用心理学原理，采用疏导、排解，动之以情，使其产生温暖的心理效应等适应方式消除挫折感。使人从一种较低的动机挫折中解脱出来，重新制定较高的、对社会更有益的动机，这对社会对工作是有益的。

第二章　播音创作主体心理素质分析

第一节　播音员、主持人的心理状态的复杂效应

良好的心理素质是成功的保证，要重视心理素质训练。

什么是心理素质训练？这里不去谈深奥的理论，举个简单易懂的例子。

1972年在慕尼黑举行的第20届奥林匹克运动会上，美国以其最雄厚资金投资于运动员的训练，却打了有史以来的最大败仗。与此相反，苏联由于重视了运动员心理准备，一举战胜美国而夺得了团体总分第一名。从此，国际上的专家开始对心理训练另眼相看了。如1982年跳水世界锦标赛上，忽然盛传美国一位跳水名将出了车祸，某些运动员以为他不能参加比赛了，但到了比赛时他突然出现在跳水台上，致使许多运动员因其干扰而情绪不稳定，成绩受到影响。其实是他们要了个花招，搞了心理战。

据说美国在平时对运动员训练中有意让观众参加并赋予一个光荣任务：大喊大叫、冷嘲热讽、喧哗吵闹、照相机的闪光灯忽明忽暗……总之，想方设法干扰运动员。这种训练目的是使运动

员能承受较大的心理压力。

我国最早推行的气功，就有心理训练的意义。通过训练，能做到主动调节呼吸、放松肌肉、集中注意，解除思想负担。

心理训练被自觉地引用到我国体育训练中的时间并不长，但效果显著。如在第23届奥运会上我国第一枚金牌获得者许海峰同志参加手枪慢射决赛，最后一组打到第4发子弹时，仅中8环。他意识到当时自己求胜心切，情绪不稳，于是放下枪，坐在椅子上镇静一下，但金牌像一团火，在心中燃烧，情绪静不下来，关键时刻想起了教练员的锦囊妙计："调节、冷静、协调、自主"，自己对自己说："冷静，一定要冷静。"等平静下来，迈步走上靶位，连中两个10环。

从以上例子不难看出什么是心理训练了吧？心理训练从广义上说就是有意识、有目的地对心理施加影响的过程，从狭义上说，则是采用一定方法培养良好心理状态的过程。

体育运动离不开心理训练，同样，播音员、主持人的培训也离不开心理训练，例如每到元旦、春节，电台、电视台都要搞一些有分量的特别专题节目或晚会节目，当然这些节目制作的过程都经过排练，但正式录像、录音时总会出现有些播音员、主持人适应力强，表现得自如洒脱，而有些播音员、主持人则心理紧张，思想负担过重，表现得不尽人意。这里有播音技能问题，也有心理过程出现障碍问题。

我们想侧重从心理状态的种种表现来加以分析，从中看出心理状态的复杂效应。

一．紧张怯阵状态

有不少刚刚从事广播、电视播音工作不久的同志都有这种体会，在训练中能达到较好水平，但一上节目面临"实战"，即使录音播出也容易出现怯阵、紧张、不自信，我们称这种现象为心理失控，其表现是：紧张过度，丧失自信，不能自我控制，看着稿子却视而不见，脑中形成空白，思维滞塞，言辞不畅，心理负担尤其重，患得患失。这时遇到哪怕一点干扰，如打个磕巴重改句等都会陷入不能自已的境地，使自己很快地改变有机体的激活水平，心率血压肌紧度发生显著改变引起情绪的高度应激化和行动的积极化，容易作出不适当的反应。像新闻越播越快，越播越紧，声音捏挤、抖颤，气浅声浮等等，出现肌肉僵持、表情不自然、不敢抬头交流等现象。

紧张怯阵心理的形成因素大体有以下几方面：首先取决于实践经验的多少，实践经验丰富的比新播音员、主持人怯阵现象少；其次取决于环境，由播音室移到现场大会转播，由播练到实播，或由录音改直播，观众由不见面到近在咫尺围着看，环境、对象的改变带来不适应情绪，气氛热烈或过于严肃、紧急情况的发生等等都会形成压力而出现紧张。

还有的播音员、主持人因为台号呼不好，经常接到听众的意见信，领导也不断批评，形成思想压力，一张嘴就害怕，半天台号也呼不出口，久而久之，得了恐惧症，台号呼不出来，为此失语，出了一头汗还是发不出音。当省略呼台号时，播音就顺畅了，可是电台的每档节目都离不开呼台号。为此，一些播音员、主持人只好忍痛告别播音岗位，另谋他职。

二、懈怠状态

还有与之相反的一种状态——懈怠。

这种状态表现为情绪低落，四肢无力，动作怠慢，意志消沉，思维不畅，无精打采，这种状态是播音的不良状态的又一种表现。

这种状态的出现，与大脑皮层兴奋过程减弱、抑制过程加强有关。一般来说，播音员、主持人在面临直播任务前，过度疲劳，休息不好，或者缺乏事业心、责任感等容易出现直播时的懈怠。或者是动机目的不够明确，对自己的不利因素想得多，意志力又较差的情况下，容易出现播前的冷漠、懈怠。

三．过度兴奋造成“应激反应衰竭”

还有直播、现场转播，或考试前稍有紧张和兴奋是不可少的，但有不少播音员、主持人面对第一次上直播节目，或者面对现场实况转播，在校生面临考试时极易出现的一种状态，为情绪过早兴奋或过度兴奋。有的人离直播、现场转播或考试还有很长时间，就进入了兴奋状态，表现为情绪特别高，这种过早地兴奋，必然过多地消耗能量，到了“临战”时反而精疲力尽了。

“临战”前的不适时的、过度的情绪应激，如果得不到及时缓解，就会逐渐出现“应激反应衰竭”。这是由于精神过度紧张而造成身体上的各种异常反应。

这种过度兴奋状态从生理机制上分析，是由于大脑皮层兴奋性过高而产生了扩散，导致皮层对植物性神经系统和皮层下中枢的调节活动减弱而造成的。播音或主持的临场经验不足，自我控制能力和适应能力差，或对自己期望水平过高等，都容易造成直播、现场转播或考试前不适时的过度兴奋。

这种种不适应、适应能力差所表现的失态多产生于心理障碍未得到及时排除所至。。

产生妨碍的心理品质，归纳为如下几点：

1．胆怯、没有信心、忐忑不安；

2．倦怠、不得不说、情绪冷淡、漠不关心、懈怠；

3．性格狭隘：听不得批评与表扬，或飘飘然，或垂头丧气；

4．兴趣窄：兴趣、爱好狭窄，不易调动热情；

5．习惯性思维；

6．固执与偏见；

7．心理适应性差；

8．错误心理动机。

四．追求赞许心理

追求赞许心理，实质上是缺乏自信的表现，受众对节目有批评有表扬，这本是正常反馈。心态好，对待这些反馈就能泰然处之。心态不好，遇到表扬则兴奋，不知所以；遇到批评就垂头丧气，怕失败，包裹着自己，不敢练习，新的播音员或主持人在话筒前的心理压力大，不敢探索，求稳，怕错，进步则慢；人都渴望成功，害怕失败，但遇到了挫折，要冷静分析，善于汲取经验教训的，失败则会变成财富；惧怕失败，当其真的出现时就会内疚、悔恨，不能自拔，只有知己知彼，冷静思考后，汲取教训，思想上不背包袱，学会忘记失败，即拿得起，放得下，藐视失败，才会有良好的心理承受能力，走出误区。

第二节　播音创作主体心理状态的合理调整

为了避免失控心理的发生，就要采用有效措施消除心理障碍，办法如下：

一．生理调控法

就是通过控制和调节生理变化的手段来解除紧张心理，增强信心，因为主动认识了在一定的心理活动时有什么样的生理上的变化就有什么样的心理现象，把握了生理变化与心理活动的关系就便于控制与调节。

例如：直播或考试，当自己一意识到生理上的变化，脉搏、呼吸加快，心跳加速，气息浮浅……

1．“深呼吸”

可缓解紧张情绪，使僵持的声音气息得到些许的调整。大口吸气还是无济于事，只有深吸一口气，摸摸你的喉咙，感觉一下你脖子的肌肉有多紧张。此时再屏气，关键是呼气而不是吸气。呼气时要徐徐地发出“嘶”声稳劲持久地呼，并收缩腹部三角区的肌肉。借此缓冲、平静一下过度的心跳和过促的呼吸。当你吐完气时，放松肌肉，然后轻轻吸气（口鼻同时进气，不要抬肩、胸部放松）。

收缩腹部三角区的肌肉可以防止体内造成恐惧的化学物质——肾上腺素的产生。同时它可以减少疲倦，并能产生能量①。这种方法在直播或考试前，现场主持前，都可以在别人毫不察觉的情况下这样做，这样做后，紧张感会得到缓解。

收缩腹部三角区的肌肉还有助于发声。收缩可以使横膈膜下面的肌肉用力，增加由肺中排向声带气体的压力。如果你的声音由于局促而发颤，这种收缩可以稳住你的声音。

如果你浑身冒汗或者手心出汗，收缩腹部三角区的肌肉也会有帮助作用。

2．“调调弦儿”

即可以坐在播音室，面对话筒播上几句调调声音，就好似京胡在演奏前要调调弦儿是一样的道理。稿件起头处播几句，高潮处播几句，找准合适的用声范围。

3．起伏急缓的调节

在播音进行中如发现起调高了，那就随着情感的起落找适当时机把调儿调下来，声音降一些，或者当意识到播讲得过于急促则依情而动随机舒缓下来，这就是一种必要的调节。

---

① 引自［美］多萝西·萨尔诺夫著：《挤压法》。

“人的内脏活动是受自主神经系统支配的，人也可能在一定程度上随意地调节自己的内脏活动，如影响心跳节律、血压升降、皮肤温度和内分泌水平等。”① 由生理活动的改变带动心理活动的改变，达到自我心理调控，获得良好的心理状态投入使用，其表现为机体适度紧张，内部生理变化是呼吸加快加深、心搏加速加强、外周血管舒张、血液含氧量增加。机体的心理变化为坚信自己能取胜，对所播的内容充满了兴趣和自信，播讲愿望强烈热切积极由衷。外部表现形式：声音自如，神态轻松又全神贯注。这种充满自信的心理就是良好的心理状态，它有助于积极性的发挥，去克服困难提高效率。

二、心理诱导法

现场直播、转播、考试等关键时刻，有些播音员、主持人总爱自己吓唬自己，诸如：“我嗓子发干，声音不好”、“时间太紧我可能播不好”、“稿子太拗口，准出错”……等等无穷尽的泄气念头在脑海里萦绕，这些刺激只能给自己带来不安，人为地制造紧张空气，这是信心不足的又一种表现。

心理诱导法是用含蓄的暗示方法对人心理和行为产生影响，给人脑以兴奋的刺激，这种心理影响表现为使人按一定的方式行动或接受一定的意见或信念。

暗示的意义：树立必胜信念，克服一切不利因素，实现积极的自我暗示，稳定自己的情绪，才能发挥水平。

无论是自我暗示还是他动暗示进行心理诱导时，切忌用消极暗示。诸如：“别慌”、“别紧张”等等暗示，这些暗示语所以是消极的，因为它可能引起不良反应，反倒容易导致心理负担产生。所以面临直播、考试等场合应当尽量避免去想可能使自己不

① 《普通心理学》第76页。

安的反面刺激，不断鼓励自己给自己打气。最重要的是要用积极的暗示，如“我一定能成功”、“我状态很好”、“我会顺利”等等，这种积极的暗示对心理诱导作用影响很大，一定的目的和意志能够在一定程度上控制自己的情绪，克服紧张情绪的不良影响。

当然心理诱导的暗示方法还有许多，如不要把考试、现场直播看得过重，形成精神压力，更不能把出错与个人得失联系起来，正确做法是视其为一次学习锻炼机会，成功失败都可能有，那是总结经验时思考的问题，眼下往最好处努力，正好是检验自己辛勤劳动成果的好时机，这样调整自己的心理状态就可以自如、大度而从容，人的认知是可以对情绪进行调节控制的。

当然，接受暗示在很多情况下是一种盲从的表现，它往往与缺乏实践，缺少经验联系在一起的，也与性格上不善于独立思考有关。因此，不断丰富知识，提高水平，磨练意志，培养独立思考的习惯，可以降低接受他人暗示的程度。

三、模拟法

模拟直播、现场实况转播、考试等训练，这种模拟法多放在训练进行的后期，近“实践”的要求去做，准时开机，中途任何情况下都不停机，过后总结给分。模拟法可以使播音员、主持人等在现场的严肃紧张气氛中增强适应力。模拟训练要让被试者多体验成功的心情，以选用不太难的内容为好（平时训练要从严从难）。目的在于增强信心，鼓舞斗志。在模拟训练中，教师或导演要以坚定的信心去感染学生，引导学生多回忆成功的播音状态，以激发良好的播讲愿望。同时要帮助学员确定适宜的奋斗目标，“实践”前就不能再苦练，而要充分休息放松，听听音乐等，因为没有负担的心理优势有时可以战胜身体、技术上的障碍，出乎意料地获得成功。

据心理学研究表明，内在紧张可以抑制心理作用过程，也可以活跃心理作用过程。在播音创作过程中，适度的紧张是积极的心理活动所必需的，必要的。

四．心境的培养

一个运动员参加重大比赛，就有一个竞技状态问题，这个竞技状态就是情绪状态。从分析运动员的竞技状态，可以发现，它的形成是多因素的，包括气候、环境，运动员的饮食、睡眠状况，还有运动员自身的心情、意志、性格等等。最佳的竞技状态往往是综合优势的充分发挥。对于播音创作主体，在播音过程中也有一个“竞技状态”问题，这就是心境。

优良的环境条件，可以为播音创造提供最佳心境，使其发挥最高水平；从另一方面，播音员、主持人必须培养一种“抗干扰”的能力和适应各种环境条件的稳定心境。

播音员、主持人面对环境嘈杂声音的干扰，应该有视而不见、听而不闻的能力，只有一心想稿件内容，才能全身心地投入创作。

一次，在给短训班上课的路上，班主任告诉我说，这班学生很挑剔，对昨天讲大课的老师很不满意，提了不少意见。听后，我灵机一动地调整了计划，加了一段开场白：“今天能有机会和播音同行坐到一起探讨播音对象感问题感到很荣幸。原来我也是个播音员，有一些实践经验，但在播音理论上探讨不够。调到学院后开始注重播音理论的研究，我愿借此机会向同行汇报这方面的体会，欢迎各位批评指正，看哪些对播音实践有用，哪些离实践工作稍远……”

本来面对议论挑剔的氛围登场讲课，心绪最容易受到影响变得紧张，但我灵活地应付了局面，用开场白先接通了与受众交流的线路，顿时改变了课堂气氛，引起听众兴趣。4 节课下来，不少老播音员、主持人围拢来说今天这一讲内容不好讲，你却讲得很吸引人，课上得成功。

人的情绪状态是十分复杂的，即有外部刺激引起的变化，又有内在因素产生的影响。播音创作主体要想获得最佳状态，就不能让自己的心境处于被动的位置，而必须注意主动调节。

中央台老播音员林田同志，值早报摘节目，突然接到父亲病故的消息，因当时找不到人替班，她克制住失去亲人的悲痛情绪，仍以工作为重，以党的利益为重，去热情讴歌先进人物的可歌可泣的事迹，尽全力保证播出。过后当她向领导请假去办丧事时，同志们才知道她为控制个人的感情付出了多大的努力。人都有七情六欲，但到了镜头前，就只能以稿件内容，以宣传目的为准绳，来调节自己的心境，保持健康的心态，对提高工作效率是很有意义的。

第三节 播音创作主体心理状态的理想模式

播音创作主体心理状态的理想模式，总结归纳如下：

一．自信、松弛、自如

凡在广播电视中被广大受众认可并爱戴的播音员或主持人，他们都有着自信、松弛、自如的共同特点；对自己所办节目的宣传宗旨明晰在心，头脑清醒，精神集中，对节目的内容具有独特的感受，深刻的领会，对制作节目的方式方法胸有成竹，能巧用己长，充满信心，声清气爽，控纵自如，动脑动心。当遇到重大题材报道时，非旦不紧张，还能随环境和特殊氛围的刺激，引发出高涨、兴奋的情绪状态，这在心理学上称“应激心理状态”，应激状态是有机体适应环境的一种以生理变化为主，同时有心理成分的特殊反应。适当的应激心理，能够使我们处于激情状态，并通过神经内分泌系统来进行心理、生理机能的调节，促进有机能量的发放，提高机体的活动效率和适应效能，焕发出极其饱满的热情和激情，使节目的主持或播音能超水平发挥，达到最佳境界。

信心是建立在全面分析实力能力的基础之上的，实力雄厚就会立于不败之地，常言道，“艺高人胆大”，此处“艺高”是指专业技术水平高，“胆大”则是指心理素质。艺高了，通常情况下人就胆大，技巧娴熟，游刃有余，因为一次次的成功好评都是经验的结晶，对心态起着决定的作用，心理素质好，什么都不怕，充满自信，错了也没负担，拿得起，放得下，胆子大了自然能迅速提高技能。

信心，还取决于主观努力程度，“有备必自信”。充分的案头工作是少不了的，有人以为一句句全背下来就行，其实不然，背就和照着念一样的不吸引人。不要逐字记忆，而是要整理出要说的内容的条理纲目化为自己的感受，并进而了解为什么说这些，要达到什么目的，这样的内容说给谁听。有了自信，就能心绪镇静、神态自若、思维敏捷、记忆准确，就能使自己的神经系统的兴奋与抑制过程处于最佳状态。播讲起来，收纵自如，给受众以循循善诱，或启迪、感染，留下深刻印象。

松弛，包括精神的放松，形体、肌肉的放松，放松则不僵，在这种状态下用声运气，则气息是通畅的，声音是自如的；若身心不松弛，肌肉紧张颤抖，声音僵持，必然导致气浅声浮，或声音挤捏或气息憋闷，表达起来就不自如，气息不通畅，声音就缺底气支撑，在此状态下主持节目则会声噎，下不去，上不来，出现用声不自如。

自信，才会使身心松弛，气息通畅，声音高低自如。自信可以使感情充分调动起来。声音气息随着感情的变化而变化，做到以情运气，用声传情，气随情动，以情带声。气生于情而溶于声，声赖情深，情借声传。做到自如时才会以最省的气力达到最佳的效果，使播音或主持时的用声具有了美学层次的欣赏意义。

二、积极、振奋、真诚

临场精神状态是否积极、振奋、真诚，这关系到直播的成败与否。中央电视台“香港回归”72小时现场直播报道中，白岩松担任驻港部队报道任务，6月30日晚，白岩松在深圳皇岗口岸报道驻港部队入港进程，他事先掌握的一些资料、新闻背景在几分钟内差不多全说光，而此时，部队尚未跨过“界线”。面对尴尬的“空白时间”，白岩松在十几秒钟的停顿后，迅速想起自己早些时候登上口岸办公楼的情形，解说随即源源道来：“我们右前方的那幢白楼，就是当年小平同志眺望香港的地方，现在这座楼里，还挂着他视察口岸时的巨幅照片……今晚，当驻港部队跨过这条‘界线’，在所有为部队送行的人群中，我们相信，肯定还有一位老人深情目光的注视！这段话翔实而富有情感，观看电视的人们无不为之感动。”①

白岩松作为主持人，他有着深厚的功底，在紧要关头能表现得如此机敏、睿智，正因为他有着真诚的情感和积极、振奋的工作状态，才能遇事不慌，思维反应迅捷、快速提取已有的知识储备，拿来为我所用。他那语言外化、出口成章的表达，又是建立在文学功底扎实基础上的。

又如倪萍有一次主持游戏节目，节目要求上台把一个个球放进筐里，由于倪萍出语太快，一时忙乱竟“把球放进筐子里”说成了“把筐子放进球里”。话一出口，倪萍马上意识到了自己的错误，她一边笑，一边赶忙说道：“哎哟，瞧我乐的把话都讲反

---

① 引自报道《白岩松脱颖而出》。

了，谁也没这个本事把这么大的筐子放进这么小的球里啊，应该是‘把球放进筐子里’。游戏开始。”

倪萍以诚相见，化不利为有利，逗乐了观众。

倪萍在生活中热心捐助“希望工程”的孩子们，在节目里更是情动于衷赤诚地奉献爱心，观众无不为她的激情与赤诚感动。

临场精神状态是积极的、振奋的，情绪酝酿是炽烈的，播讲愿望已引发到整装待发，一吐为快，情动于衷又控纵有节。

荷伯特·凯隆在《心的歌声》中说：“要想唱好，必须一直处于一种有控制的兴奋状态之中，歌唱时要有动力，要在心理上生气勃勃，要机敏，要大胆，要心中热烘烘的，因为只有这样的声音才能放光和挺拔起来。”歌唱与主持播音时的心理状态是近似的，其表现为：

1. 全身轻松，肌肉协调、不发紧、不颤抖。

2. 心情愉快，既兴奋又镇静。充满信心，无焦虑情绪，不担心失败，总是以积极的内心想象占据自己的头脑，相信自己的能力一定能发挥出来。

3. 具有适度而稳定的激活水平，神经中枢的兴奋性适中，既不感到兴奋和紧张，又不感到抑制和消沉。

4. 能积极充分地动员自己全身的力量，且不易感到疲劳。

5. 精力充沛，表情自然，食欲正常，睡眠安稳，生活规律，行为有序。

6. 能有目的地集中注意力和合理分配注意力，能排除杂念的干扰。

7. 思维敏捷，随机应变，清醒、沉着、冷静。

有了这样的状态就可以称之为良好的创作心理状态。

三、仪态、语言个性鲜明

有了良好的心理状态，才会在话筒前、镜头前充分显现出个性特色。

荣获 1991 年《金话筒》大奖的陈铎、沈力、赵忠祥、徐曼、虹云等同志，他们的仪态、声音给观众、听众留下了难以磨灭的印象。

无论是欣赏《动物世界》中赵忠祥那洒脱风趣、独具见识的解说，还是看着端庄和蔼的沈力主持的《为您服务》，也不管你是在聆听徐曼那亲切甜美的《空中之友》，还是虹云《午间半小时》的坦诚可信的谈心，或看着《运河知识京杭对抗赛》、《话说长江》中陈铎那儒雅、质朴的话语；还是倪萍真挚热情的综艺节目主持，或者是崔永元那幽默轻松、充满平民意识的《实话实说》，还是收看着敬一丹那具有女性的敏感、对细节的捕捉，很有分寸地充溢着女性的柔美与真诚的访谈节目主持，都能深深打动听众观众。透过他们全身心的创作，给人们留下了难以磨灭的印象。他们个性鲜明，主持风格各异，但又蕴于共性之中，他们创作的内容与形式是吻合的，语言功力是训练有素的，所有这些透着鲜活灵动的主持，就是播音、主持创作主体心理状态的理想模式，供我们学习与借鉴。

播音创作主体心理状态具备了理想模式有什么作用呢？

首先可以使播音员、主持人学会控制和调节自己的心理状态，提高大脑对内脏器官活动和思维过程的调节支配能力，为了便于在有限的备稿时间里很快驾驭稿件，加强情绪的稳定性和自控力，准确无误地播出，都离不开心理素质训练。

其次，心理素质训练使播音员、主持人获得良好的心理品质，增强机敏自信和适应能力，提高对内外环境的反作用能力，有助于发挥业务技能，取得最佳效果。

如播音员、主持人在采访领导同志时，常出现紧张、问话也不自如的现象，此时，若调整一下心理状态想到自己是代表电视台采访，把被采访的对象看成是平等的，只不过社会分工不同而已，这么想就会自信坦诚。可见心理训练可帮助一些播音员、主持人克服心理障碍，进入良好状态，赢得主动。

电视播音，初次出像，把握不好心理状态，镜头前就会眼神散不自信；调整好了心理状态，镜头前获得良好心境，一看到镜头，就如看到了观众的眼睛，自如地交流起来。

另外良好的自控能力易使注意力集中，情绪稳定，如海城地震时，广播员腿部受伤仍沉着镇定地坚守岗位组织群众转移抢救，及时传达着中央及党委的关怀，为此立了功。

总之，播音员、主持人心理素质制约着其政治、文化、业务素质的发挥。直播新闻时如果心理状态好，即使遇到紧急情况也能冷静沉着，应付自如。反之，缺乏一定的心理素质就会紧张怯阵，失去自信心，失去自我控制能力。有的新播音员、主持人因差错率太高，不能保障正常播出而不能放手使用。可见心理素质训练是多么不可缺少，对播音工作是多么地至关重要。

播音创作主体心理状态的理想模式是经过长期训练与实践的结果。它是以坚强的意志，坚定的信心，对事业的执着追求和高度责任感及良好的心理素质为基础的。

第四节　播音创作主体心理素质的培养

意志是人所特有的心理现象，意志不仅调节外部动作，还可以调节人的心理状态，所以在训练播音员、主持人良好心理状态的诸种因素中，意志品质的培养是不可忽视的重要环节。

一个优秀的播音员、主持人必须是意志坚强的人，意志力强可以克服不利情绪的干扰，如在意外情况发生时可以克服紧张慌乱，使自己保持镇定；在嘈杂纷乱的环境中意志可以对注意思维等认识活动进行调节去排除干扰，把注意力集中于工作内容上以便顺利完成任务。如上海台的直播热线主持人方舟同志，在一次直播中，不慎碰倒了不知是谁放在桌旁的暖水瓶，引起爆炸，在她被热水烫伤的关头，硬是咬牙坚持播完节目。过后被送往医院确诊为一度烫伤。方舟同志就是这样从容、镇静、遇事不慌，顺利完成直播节目，为此上海电台为她记功嘉奖。可见，锻炼坚强的意志是多么重要，而意志和认识过程有着密切联系，离开了认识，意志就无从产生，所以锻炼坚强意志必须从以下几方面入手。

一．树立为广播电视事业而奉献的思想

播音员、主持人站在宣传第一线，通过有声语言给人以启迪、鼓舞、激励、教育。

广播电视不仅时效性强，而且还拥有最广泛的受众，要看到社会影响和注重社会效果，要自觉地树立为事业奉献的思想。

播音战线上的一些老同志给我们做出了榜样。他们辛辛苦苦不分昼夜，坚守在播音岗位上，及时向听众观众报道最新消息，传播各方面的知识，鼓舞人们进取。他们为了广播电视事业的发展贡献了自己的青春。有了事业心，就会自觉地为这个事业的需要而努力学习，刻苦钻研；有了事业心，就能加强责任心，自觉遵守工作制度和纪律，保证准时、准确播出；有了事业心，才能对工作严肃认真、一丝不苟，也才能团结协作，相互尊重，相互帮助。事业心不强的人，很难有坚强的意志，只有对事业执着追求，才能生出高涨的热情。为此要加强职业道德教育。热爱本职工作，思想境界越高，意志越坚定。

二．树立明确目的

具体目的愈明确，热情愈高，意志品质提高愈快。

入学伊始或刚参加工作时都应重视专业思想和意志力的培

养，让其认识到苦练基本功的过程，也是自己培养锻炼意志的过程，认识提高了，就会有毅力，就有决心去克服外部内部不利条件所造成的困难，做到冬练三九，夏练三伏不畏惧，并能持之以恒。

三、克服不利情绪干扰

情绪可以成为意志的动力，也可以成为意志的阻力。对事业、目的冷漠者，很难有坚强意志。意志力薄弱而消极情绪强烈，会导致意志、行动半途而废，而意志力坚强可以克服不利情绪干扰，使行动持之以恒。意志对情绪的影响可以使播音员、主持人抑制个人的不愉快情绪，从工作出发，激发宣传热情，去宣讲党的方针政策。

总之，认识、情感、意志密切联系，彼此渗透着，不会是孤立的一种心理活动。为此就要有意识地自我调节，促进身心健康的发展，要科学用脑，有节律地工作休息，加强思想修养，善于控制自己的情绪、情感，摆好自己在集体中的位置，树立正确的自我观念。人生观、世界观的正确与否直接制约着意志、性格的培养。

第三章 播音创作中的感受

要研究播音创作主体的心理活动及其过程，就必须先从感觉知觉开始进行研究。

第一节 感知觉及其种类

一. 什么是感知觉

感觉就是人脑对直接作用于感觉器官的外界事物的个别属性的反应。感觉虽然是我们对客观世界认识的最简单的形式，但它却是一切复杂心理活动的基础。我们只有在感觉的基础上，才能对事物作出更复杂的反应，获得更深的认识。

知觉是在感觉基础上形成的。知觉是人脑对直接作用于感觉器官的客观事物的整体反应。人的感觉器官接触到某个外界事物，感官上的神经细胞就兴奋起来，把冲动传到脑子里而产生感觉，不同类的感觉（视觉、听觉、嗅觉等）相互联系，经过综合以后形成知觉，通过知觉就在头脑里形成所感知的外界事物的感性形象，就是映象。对外界事物多方面属性的整体认识叫知觉。

二．感知觉的种类

感觉可以被区分为两大类，即外部感觉和内部感觉。外部感觉包括视觉、听觉、嗅觉、味觉、皮肤感觉。内部感觉包括肌肉运动感觉、平衡感觉和内脏感觉等。

（一）外部感觉

一个正常人从外界接受的信息中，80－90％是通过视觉而获得的，视觉是认识外部世界的主导感觉。听觉的重要性仅次于视觉。它可以分辨出音的高低、强弱、音色、持续性以及节奏变化等。

味觉基本含酸、甜、苦、咸，再加上触觉、温度觉综合在一起的结果，嗅觉是对气味的分辨。皮肤感觉含冷、热、痛觉等。

其中视觉、听觉器官在感受客观对象时，相隔一定距离，容易引起人的精神性反应。视觉和听觉都是与认识关系最密切的为理智服务的感官。德国大哲学家黑格尔说：“艺术的感性事物只涉及视听两个认识性的感觉，至于嗅觉、味觉和触觉则完全与艺术欣赏无关。”嗅觉、味觉、触觉，它与客观对象直接接触，没有适应的距离，容易诱发人们的实用观念，所以，嗅觉、味觉、触觉不能算作高级审美感官。与美关系最密切的感官是视觉和听觉，都是与认识关系最密切的为理智服务的感官。它们能唤发起许多情感与情绪的记忆，产生联想、想象进而产生共鸣。

（二）内部感觉

人在感知外界事物的过程中都有动觉的反馈信息增加，在稿件的表达中有时恰恰要捕捉住身体的运动感觉，这样就真实可信，反之就平淡无奇。

像疼痛，气短声促，憋闷等感觉反映着内脏器官的活动和变化。内部感觉在播音中应用频率不高，但需准确。

三. 艺术的感受力

在艺术活动中表现出来的感觉、知觉等思维能力，是由感性直观因素、理性因素和与两者相伴随的情感体验三方面交织而成的，它能感受到“兴趣”、“神韵”、“韵外之意”。

古往今来有成就的艺术家无不具有敏锐丰富的艺术力（即艺术的思维能力）。

丹纳在《艺术哲学》中指出：“艺术家在事物面前必须有独特的感觉……他靠这个能力深入事物的内部，显得比别人敏锐。”斯坦尼斯拉夫斯基在《体验艺术》一文中指出：“真正的艺术家是以感觉而见长的。”

普列汉诺夫在论及海涅时写道：海涅作为一个艺术家的第一个特征，即他“对于周围环境的特殊敏感，特殊强烈的感受性。”

前苏联心理学家M·A马兹马尼扬曾对六十名杰出的文艺家进行了调查：他们全都说到艺术感知觉对他们从事艺术创造的需要。

人类的感知觉存在着明显的个体差异：比如饮酒——即味知觉对于酒的感受；不会饮酒的人从酒中知觉到的只是一种辛辣、苦呛体验；善饮酒的人却可以品尝到香醇甘美进而飘飘欲仙境界。品酒专家的味知觉渗入了理性认识因素，能鉴别出酒的水质、浓度、香型、级别等，其精确度可以与仪器相比。

再比如十年内乱时，一位下放劳动的艺术家与一位老农民在桑树林砍扁担，农民一会儿砍了十几根，艺术家却不知往哪一根树枝上砍。休息时，艺术家发现溪边一株老桑树裸露的树根，惊喜地指给农民看，多像一只“劳动人民的大手”，上面青筋、老茧、疤痕历历在目！老农民却横竖看不出名堂。老农民的知觉——是实用的，而艺术家的知觉——是审美的（即艺术的感受力）。

第二节 播音中的感受

播音感受属于人的高级精神活动。如果不以初级的生理感知觉为出发点，更高级的情感和想象活动是无法进行的。所以，播音感受是脱离不开感知觉因素的，播音感受又不同于日常感受，它可分为浅层感受、中层感受、深层感受三阶段。

一. 浅层感受

播音感受，不同于一般的感知觉，它是由语言符号引起的视觉、听觉、味觉、嗅觉、触觉、空间知觉、时间知觉、运动知觉等，并不是实物刺激引起的，只不过是一种幻觉而已。这正是由稿件文字符号引起的诸种感知觉的内心体验。

语言虽然没有形象性，却能够引起形象感。因为这一现象的心理根据是在于“人的表象经常是和言语、词汇联系着的”，“过去的经验总是以表象和词的形式保持着，回忆也总是凭着表象和词二者进行的”。①

播音大都不是直接由客观外界刺激的结果，播音感受是由视觉对于文字刺激进行反应，通过知觉在头脑中形成所感知的外界事物的感性形象，也即表象，因为表象只能通过知觉而获得，是知觉本象在人类记忆中的“留影”，也就是保留在大脑皮层上的外界事物的映象。这种感受还属于直接的浅层感受。

播音的浅层感受不同于日常的感受，它不直接感受客观事物，而是直接感受代表客观事物的词语符号，间接地感受客观事物。在语言符号之外，别无他有。视觉接受的文字反应，要产生

① 《普通心理学》上册第231、233页。

相应的感受，根本不能忽视词语这第二信号系统的重大作用。例如，文字稿写着“只见那颗颗珍珠，有大如羊奶子头的，有小如红豆的，光华夺目，莹光熠熠”，文字符号的刺激，立即产生联想，珍珠大的有多大？羊奶子头是多大，小的多小，红豆有多大……都要想象出来，把语言符号变成了活生生的、有血有肉的有声语言，赋予词语以感受的能力。当然不同的播音员、主持人对词语的感受力不同，感受力不同的表现，是感受阈限的大小，总之，播音员、主持人对词语感受越敏锐越丰富，就越有利于播音。反之，播音则平淡、飘浮。

当然词语感受也是有重点的，揭示稿件精神实质的词语，在我们播音中是重点感受的对象，浅层感受若不继续深入，就会枝蔓漫过骨干，让人不得序列的要领，中心模糊。

浅层感受的思维是在人脑右半球大脑皮层下主管文字、艺术的神经区域。

二. 中层感受

在浅层感受的基础上进入中层感受，它注重以具有普遍意义的概念形式为着眼点，它的思考是逐步脱离感性材料，抽象、本质、概括地认识表象，它的思维是在大脑皮层左半球的下顶叶、枕叶和颞叶接壤处。

播音员、主持人透过稿件各层、各段、各句去理清整篇的序列和脉络线，了解作者谋篇布局的构思意图，概括、抽象出具有普遍意义的播出目的和稿件的中心思想，开始对事物呈现出鲜明的态度。

通过中层感受使创作主体增强了整体与局部，主与次，详与略的驾驭能力。遇到结构松散时，它可以提携骨架以突出各段、各层的内在联系，使纷繁的表象感受归拢抱团儿，加强了规整性、有序性，克服了不必要的有句无段无章的支离破碎感。有稿播音做到语言本质准确、不含糊其辞，语言链条清晰，态度明朗不模棱两可。

无稿播音时，就必须要了解思维与语言的关系。“语言是思维工具”。人，不论在什么情况下，都不可能脱离语言材料进行思维。包括作肯定、否定简单思维活动，也要运用语言，思维是人脑的一种机能，是人脑反映客观世界的过程。

播音员、主持人必须遵循宣传内容的轨道展开思想感情的运动。有稿播音是不是就“胸有成竹”了，不是的。有些播音员、主持人拿到稿件就进播音室，边播边看，播上句不知下句是什么，照本宣科实为传声筒，使录音成为有句无段无章，一句一接，这根本就不是播音创作。“有什么样的思维就有什么样的语言”。播音员、主持人遵循宣传内容轨道展开情感运动时，有预先的准备，对全篇的结构布局了如指掌，中心在握、脉络主次分明。播时有文字稿作依据，更要注意思维的活跃，反应的敏锐，声音形式规矩工整，质朴无华，疏密相宜，语势平稳而不呆板，这样的播读如行云流水、错落有秩。即使遇到急稿，也会一目十行，再调动平日的积累，谙熟语势，懂政策，使急稿播读得从容娴熟，规整大方。

无稿播音或主持节目，思维和语言的关系是相互依存、密不可分的。播前准备充分，情况明、资料全、背景清，临场发挥就会主次分明，重点突出。反之信口开河，词不达意，或语言迟钝，思维混乱。

三．深层感受

当稿件中的人、事、物、理被播音员、主持人深切感受到之后，此时就超越了具体感受，进入整体感受，播音员、主持人所面临的便是按自己的经验和社会价值的需要，以马克思主义的立场观点，以党的方针政策作指导，从而作出对稿件内容的估价、判断，鲜明地站在党的立场上，肯定所是，否定所非，赞颂真、善、美，抨击假、恶、丑，做到立场坚定、态度鲜明。这时播音员、主持人已经开始了形象思维的积极活跃的运动过程，凭借着自己的经历、知识、修养对作品进行再创造，用想象、联想充实、丰富、补充，由浅入深地体味，此时的感受，已渗入播音员的理解、思索、体验的凝聚。此时的感受已唤发出独特的感受和体验，伴随着创作主体的共同经历，参与其中一种强烈的情感，激跃着内心达到一触即发的程度，情感渗入内容中，既可以呈现过程性，又可以体现目的性，当燃烧的情感激跃起来东冲西奔时，又有严谨的起、承、转、合的语言链条在驾驭着驰骋的情感，使其起伏跌宕，“从心所欲而不逾矩”。情动于中，形于声，以小故事《中计》为例，（稿件附后）看感受过程。

《中计》是通过大爷施计策，小战士中计，矛盾发生、发展，直到破计，矛盾解决，点出军民鱼水情这一主题。播音员透过各层、各段、各句去理清整篇的序列和脉络线，了解作者谋篇布局的构思意图，播出目的，获得鲜明的态度。

对《中计》边分析，边感受，当播音员向受众展示“行计”时，要让人似乎看到张大爷绷着脸生气的样子，感受到“生气”时说的话：“你们谁进了我家东菜园，把菜地弄得乱七八糟”。

播到“中计”时，要具体感受到小战士洪松彪沉不住气“中计”心理活动变化过程：“……大爷，大娘别发火儿，昨天是我跑到菜地里去的，（着急，想稳住大爷、大娘别去找指导员）我看你们二老年纪大，大爷成天忙着队里的事儿，顾不了家，就抽空儿帮你们干了点活，（越说越不好意思，腼腆）谁知我不会干，给你们添了麻烦，真对不起你们，有多大损失我一定赔。”说着就伸手掏钱包。”（一旦发现自己做错了事，又勇于承担责任，体现了战士对人民的爱，感受小洪的心理情绪变化过程愈细腻，对主题的揭示就愈有力。）

当大爷得意地说："孩子，你中计了，从打你们到我们村来搞训练，给大伙儿干了那么多好事，可我们就是不知道谁干的，昨晚上我和你大娘一合计呀，就想出这个小计策来，果不出所料，你们还真中计了。"点破计策，使主题升华，得到深化。一个好的播音员得有颗易感的心灵，因为人类情感是极其丰富和复杂的，而播音工作就是要反映他们的情感思想境界，报道他们的感人事迹。如果播音员情感世界贫乏、冷漠，就没办法播出振奋人心的消息。而情感丰富感受力强才会有较好的知觉效果，在知觉客观事物时才能迅速诱发真实的感受，唤起真挚情感。

播音感受中的三个层次不是截然分开的，而是你中有我，我中有你，互相融合的，通常都是由浅入深，由表及里的，分三个层次是为了便于剖析认识它。

第三节　播音感受的特征

播音创作的心理形式是十分复杂的，各自又是协同活动、相互渗透的。播音感受这一心理形式必须把全部的外在感受和内心感受都调动起来，激活起来，感之于外，受之于心。归纳播音感受有以下特征。

一．必须是全身心去体验

播音创作主体面对作品，不能以局外人的姿态而过于冷静地感受，也不能仅用脑分析生活而不用心灵去感受生活，而应该是全身心地去感受。

如在中国女排夺得三联冠，大学校园沸腾了。次日上播音课，课上老师让同学们谈三联冠消息传来后的感受，这节课把同学们激动的情感推向高潮，但也有个别学生对此表现得很冷漠，并且说："不就是个球赛吗，有什么好值得兴奋的……"还有同学对稿件理性分析头头是道，就是不动情，带着预制的理性框框去剪裁丰富多彩的生活，将许多生动的、感性的东西丢掉了。

讲到全身心的感受不妨举一例子：法国雕塑大师罗丹在傍晚时分引导客人欣赏维纳斯雕像，罗丹点着灯，让灯光逼近雕像，他们从不同方向仔细观看雕像的腹部、大腿、臀部，罗丹像情人似的俯身在这座石像上，带着一种虔诚的热爱说："这是真的肌肉！"他还把手平放在雕像的臀部上说："抚摸这座像的时候，几乎会觉得是温暖的。"罗丹运用视觉、触觉、运动觉从维纳斯雕像上获得了"真实的生命"这个鲜明的印象，只有对作品进行全身心的感受，才能形成独特的感受。

现在舞台剧中有些空布景的运用，采用了充分发挥观众想象的道理制作的，简洁明了，因为由视觉想象开启的生活图景在脑海中的再现，有时会比实的布景想象得更丰富美好。生活中有这样的事，听一部广播剧留下深刻美好的印象，当搬上银幕看一遍就会大失所望。远不如原来想象的美，这其中的道理就是视觉想象大大丰富了感受的内心世界，感受离不开想象、联想。

二．要具有敏锐的感受能力

感觉阈限愈小，便愈精密，必须要有极好的感受能力，感受力越强，效果愈好。再举一例。

如航鹰的短篇小说《明姑娘》为我们提供了一个生动的例证。春夏之交，一个星期天，明姑娘约赵灿一起游园（明姑娘双目先天失明，但她不悲观、不气馁，顽强同命运搏斗。赵灿大学二年时，双目突然失明，不得不退学）。明姑娘要小赵具体地说说，绿色的景物是什么样子。小赵调动失明前的视觉经验，津津有味地说："早春的杨柳叶子会闪出银灰色薄绸般透明的光泽，以后不知怎么那银灰就变成嫩绿了。到了夏天，会呈现青铜色浓重的油绿，秋天又会闪出辉煌耀目的金光……就是同一季节的同一棵树，也能随着蓝天白云，火红的朝霞，淡紫的晚霞，灰色的阴霾或者浓重的乌云，而变幻着不同的色彩，却又显得那么和谐美丽。如果下过一场大雨，天空挂着彩虹，那就更了不得了！树上如同挂了满枝纯净的碧玉，闪光的翡翠，奇异的绿宝石，把你的心都会引得荡漾起来……”明姑娘听了，竟高兴地跳起来，她认真地谈起自己的审美感受：绿色是最美的旋律与和声，它使我想起了名曲《四季》的第一乐章《春》。早春的嫩芽是长笛的独奏，潺潺的绿水是竖琴的琶音。当大地披上绿装百花盛开时，那是管弦乐合奏出来的欢欣、快乐、力度很强的和声。你说的同一棵树的色彩变化，那是小提琴不同的技巧：快弓、揉弓、碎弓、颤音……总而言之，绿色是最辉煌明快、声部丰厚、永不止息的交响乐。即使是严寒的冬天，那也是乐章之间的停顿，孕育着新的、更美的旋律。

明姑娘借助丰富的听觉经验，去间接地理解大自然的色和光，在心头滋生出瑰丽无比的美感境界。

如果遇上不辨音律的耳朵，再美的音乐也不起作用。若琴、棋、书、画样样通，欣赏感受就会获得更多的美感。

从这些例证不难看出视觉、听觉、嗅觉、味觉、触觉、时间觉、空间觉、运动觉等等都可以作为媒介刺激并激发产生相应感受，播音员、主持人正是通过作品的文字语言，借助这些媒介刺激产生加强感受，并使感受深化成为独特感受而形之于声及于听众的。又如《知音》，楚国的音乐家俞伯牙，一天碰上隐士钟子期，伯牙弹琴时心想高山，钟子期在旁赞道：“美哉，巍巍乎若泰山。”伯牙弹琴时心想流水，钟子期又说：“美哉，荡荡乎若江河。”伯牙大喜，两人结为挚友。钟子期通音律懂琴声，才能对琴声产生正确感受和理解，所以感受必须要有敏锐的感受能力。

三．感受的主观性

我国演出的《西游记》就和日本演的《西游记》有所不同，对其中人物孙悟空、猪八戒、唐僧的认识理解就有很大的差异性。国度不同，人文文化不同，不同民族的文化积淀也不同才形成了这些差异。

同样的京剧，不同的人观看会有不同的感受。京剧迷从演员的一颦一笑、一招一式中感到丰富含义，从中获得美感，而有些青年人却感到造作、节奏太抻，引不起美感。

王愿坚同志说过，尽管他和茹志鹃同志的生活经历和前进道路是相似的，但作品的风格却很不一样，这也是因为各自对生活感受的不同造成的。

同一篇名著，给不同的播音员播读出来也有很大的差异，这是因为作品与创作主体的主观心理相结合、相作用的结果。这个主、客体相结合、相作用的过程就是创作主体的个性感受，因此播音感受带有主观性特征。这种主观性不仅仅是反映性，而是具有创造性的，所以具有独特性，也即不同播音员、主持人的不同风格。

人们知觉作品的目的，是要透过形象获得印象，印象是无形的，它由知觉运用多种感觉通道捕捉信息综合形成的。我在进行朗读准备谢璞的散文《珍珠赋》时，有一处总是形象感受不具体，后来我走路、吃饭都在思索……一天当班车走在长安街上，街灯一下子全亮了，我顿时悟到了“霎时间，四面八方，电灯明亮，像千万颗珍珠飞上了天！这排排串串的珍珠，叫天上银河失色，叫满湖碧水生辉”的情景，一种兴奋、喜悦之情油然而生，这种主观感受和体验为我播录此篇打开了感情的闸门。播音员、主持人应有敏锐的感受，一束阳光，一个微笑，一种谈话的语气神情都能在心灵中留下印象，激起反响。

播音员、主持人的情绪、经验、期待、教养、个性、心境、兴趣，乃至偏见都会对感受产生影响，所以对稿件、作品的感受，因人而异，无不带有播音员、主持人主观因素的印记。但知识积累、生活经验却是对感受起着至关重要的制约作用。同样一篇稿件给不同播音员、主持人播读，其思想深度也不同，有的肤浅，有的蕴含丰富，有的浮华，有的精细，这些都取决于他们的自然积累的功力。

四．感受的情感性

“观山则情满于山，观海则意溢于海”，当人的内心受到强烈的震动，感情受到巨大的驱迫时，就产生了激情。激情就是创作者对现实生活的深切感受。

别林斯基说过：“感情是诗情天性的最主要功力之一，没有感情，就没有诗人，也没有诗歌。”播音、主持也是这样，可见情感在创作中所起的作用非常巨大，其贯穿于播音创作整个心理活动——感觉、知觉、表象和思维之中，往往是有感于物，有悟于心。

如鲁迅先生正是出于对国民劣根性的沉痛，出于“哀其不幸，怒其不争”的强烈感情，写出了不朽名篇《阿Q正传》。创作者的状态都是处于一种激情状态，播音、主持的最佳状态应该带有情感性。有人比喻此状为“情感在燃烧”。情动于衷而形于言，言之不足故嗟叹之，或手之舞之。冷漠是感受的大敌，不动心不动情就缺乏积极的情感，这与作者的创作激情相去甚远，是应摒弃的。播音感受要带有情感性，感受也可以将思维引向情感。

作家徐迟说过：“朗诵者应该进入到诗人创作时所具有的那种精神状态中去，把诗人在创作时燃烧着的感情，再一次在朗诵中燃烧起来。”

第四节　如何才能发挥感受在播音中的作用

一、忌感受的笼统化、表面化

感受时离不开一定的媒介，语言文字符号作用于听觉信号、视觉信号等媒介的传递，接受媒介刺激的感官，引起注意，大脑皮层建立相应的兴奋区域。理解内容，要防止感受的表面化，或笼统化，尤其是文艺类、通讯故事要具体、细致，才能准确深入地理解，赋予表达以贴切的语气。《巴黎圣母院》中爱斯米拉达对法比，一见钟情，是因为她认为外表漂亮，内心肯定“漂亮”，结果上了当，受了骗……犯了感受表面化的肤浅毛病。播音伊始，经验不足，往往在理解稿件时易出现感受笼统的毛病。还以《中计》为例，在把握小战士洪松彪中计的内心感受时，有些播音员、主持人感受笼统，表达不准确、不生动。请看这一段：“刚刚 18 岁的洪松彪，哪见过这个场面呀，小伙子沉不住气了，马上开口说：‘大爷、大娘别发火，昨天是我跑到菜地里去的，我看你们二老年纪大，大爷成天忙着队上的事儿，顾不了家，就抽空帮你们干了点活。谁知我不会干，给你们添了麻烦，真对不起你们，有多大损失我一定赔。’说着就伸手掏钱包。”洪松彪在此段中不只是腼腆，“大爷大娘别发火”（开始着急，想拦住二老不要去找指导员），“昨天……干了点活”（做好事不愿张扬，说得羞涩，不好意思），“谁知我不会干……掏钱包”（内疚，歉意，又富有责任感，一人做事一人当，知错，勇于承担责任），经过由表及里，由浅入深地理解分析，使感受由笼统到具体，再播讲起来就会有声有色，把洪松彪这个人物的语气神情准确贴切地再现出来。

又例如："解放了！解放了！我们这群赤脚娃子，蹦啊、跳啊，唱啊……"这一段描述从表层——词语排列：娃子蹦、跳、唱——高兴开心。浅层笼统感受进一层体验感受这些娃子是为欢庆解放才这么高兴开心的。中层进一步感受再具体到是抒发海霞和姊妹们为斗倒了渔霸何占鳌，翻身得解放的由衷喜悦的情绪。深层具体感受只有把语言符号变成活生生的、有血有肉的有声语言，赋与词语以感受力，使文字描述的情景在脑海里活起来，仿佛看到了，有声语言的表达才能生动逼真。

二．注重感受中的主观能动作用的发挥

播音感受中的主观能动作用有以下两方面：

（一）感同身受

备稿时心不在焉不行，漫不经心也不行，在读作品时首先得有心绪，一看便看进去，"被吸引住"，投入到稿件规定的情景中去，其他的烦恼与焦虑都抛之脑后。持久稳定的注意能使主观能动作用得到最好的发挥，从而获得不同程度的体验。

播音创作的依据是作品，所以要谈播音创作得有先决条件。上乘作品使播音有了创作的土壤，才能蕴育出精品来。作品写得好，播音可使之锦上添花；作品一般，经过播音创作的润色，使作品得到改善的也有。如有人听了电台的配乐散文，感到美不胜收，找来原稿想细推敲时，却发现稿子写得平平。这就是播音再创造进行润色的结果。

白居易在《琵琶行》中所描绘的情况，琵琶女倾诉自身不幸身世的乐曲，使得满座听众"皆掩泣"。"座中泣下谁最多，江州司马青衫湿"，白居易所以如此动情是因为此时他被贬官，与琵琶女有着"同是天涯沦落人"的类似遭遇，这些主观因素发挥了作用，使他产生了感情的共鸣。情感是人对与之发生关系的客观事物能否满足自身需要的态度的体验，因而受众的情感活动不仅

与创作主体有关（是否传达的吸引人、感染人，作品内容是否提供了情感性质的认识），而且这与受众的世界观、需求、态度、经验等主观心理因素也有关，所以要注重主观能动作用的发挥。

要获得情感上的沟通，就不能采取旁观的态度，缺乏感同身受，就很难产生情感共鸣。只有置身其中，入乎其内，体验、认识，才能诱发相应感情。

比如让学生播录《陈燕飞怀孕5个月跳水救人》的稿件，有位男同学，本来有一定的感受能力，但第一次看稿，他没有进入稿件，播得很外在、花哨，还对陈燕飞的话作了声音化妆，播得嗲声嗲气，把一位心灵美，怀孕5个月下水救人的形象给播飘了、播浮了，非但没分量，也不准确了。

老师一方面给他讲播音员、主持人播通讯是真人真事，不同于演员可以声音化妆，应该用自己的本来声音把人物说话时的语气神情传达出来，同时又让他谈谈读了这篇稿件感受最深的是什么？他说："一个女同志，又怀孕5个月，这么做不简单"。"那是不是男同志在此情况下都可以做到下水救人？""不"。"她为什么觉得这是做人的起码道德？社会上是不是都能这样？"。"不能。我上中学时，在游泳池就遇到过一次类似的事。一位妇女穿着衣服跳进去了，当时好多人，都说她想自杀不用救，后来一个解放军把她救起来了……当时我们几个同学没觉得怎么样，后来老师却说：让'四人帮'把人和人之间的关系都搞淡漠了……那时我还小，没怎么理解。"

说着，他的神情也严肃起来，能看得出内心很不平静……老师又说："现在社会上还有那么些人，不但见死不救，还说风凉话，你作为党的宣传员有责任向这些心灵的落水者疾呼。让他们猛醒，更有义务多去宣扬陈燕飞这种关心他人胜过自己的精神。"

这一次录音，他完全投入，进到稿件的情境中。入乎其内，感同身受，并带进了他个人的情感体验，情感唤发的真挚由衷，朴实无华，深刻感人。

播音员在理解稿件的过程中如同受众。在感受作品时，只有把自己摆进去，对作品有正确深刻的认识，才能切实地诱发出正确、深刻的内心情感，取得好的传播效果。

（二）捕捉初感

看稿的最初印象要记住、琢磨，它对获得准确深入的感受，十分重要。

如《市长换锅的启示》一稿，有位同学在看稿时，就觉得西安市长的这种主动登门换锅的精神不简单，办实事，作风雷厉风行，和他见到的一些领导作风不一样，如果领导都能有如此作风，那该多好啊。因此产生了由衷地赞颂之情。在录播时，播得态度诚恳，赞得积极，以事明理，小中见大。这最初看稿的感受，正是这篇稿件的新鲜感之所在，也是使播者产生真情实感的触发点。捕捉住，会给播音创作增辉添色。

有些人，备稿时有感受，随着分析，最初的感受淡薄了，这对创作不利，应该努力捕捉初感，并保持住，可以做到常播常新。它是保持播音新鲜感的办法之一。

最初产生的感受是可贵的，在播音创造中能起到某种契机的作用，它使我们脱离了冷漠状态，但不能就此止步，而应细嚼慢咽，反复琢磨使最初的印象向更深刻、更丰富行进。从诗词、绘画、小说、稿件中领悟意蕴，形成印象，玩味感受，才能看出门道，品出滋味，领略意境，如“踏花归来马蹄香”，只见画面上马蹄周围有彩蝶飞舞，就很有滋味耐人寻味。

人们知觉作品的目的，是要透过形象获得印象，印象是无形的，它是由知觉运用多种感觉通道捕捉信息综合形成的。

三、理解是感受的基石

不理解或理解肤浅就会使感受偏离主题目的。如印度电影

《流浪者》放映之后，有个男青年问他的女友："我要是像拉兹一样是小偷，你还会像丽达那样爱我吗?"至于拉兹为什么会沦为小偷，丽达为什么始终如一地爱拉兹，这些渗透在情节深处的意蕴，他压根儿没想到过，这种肤浅的理解，往往使感受不贴切不准确，为情感的沟通增延了距离。

例如：茅以升的《中国石拱桥》其中一段："大拱由28道拱圈拼成，就像那么多同样形状的弓，合拢在一起，做成一个弧形的桥洞。每道拱圈都能独立支持上面的重量，一道坏了，其他各道不致受到影响。"

学生在播这段文字时，开始理解不准，感受不贴切，老师就让学生画图，学生画成︵︵︵︵……并列的28道拱圈，老师又问："哪一道坏了，桥面都会受影响呀"，同学又仔细地琢磨，最后画出  28道拱圈拼成，从侧面看去像一张弓，这28道同样形状的弓，合拢在一起，做成一个桥洞。这样，即使一道拱圈坏了，也还有其余的27道拱圈在起作用。经过反复琢磨，学生的理解趋于准确，再播这段文字时，内含的分量出来了，感受也准确了。可见正确感受和理解是分不开的，是相互结合，相互渗透的。

《补旧》这篇稿，讲了彭总被罢官后来到吴家花园，起初组织上要给他派护士、公务员、彭总不要，认为自己现在是个闲人了，没有病，一切生活上的事，彭总都是自己动手。

讲到他的身世，他说那时候什么活没干过，什么苦没吃过?"今天，住在这个圆明园，皇帝老子住过的地方啊!"

彭总的那身棉衣，是在抗美援朝期间，有次回国，为了外出方便，买来穿上"打掩护的"，这身棉衣伴着他在吴家花园渡过了六七个寒冬，直到被江青派来的一伙人，把他从西南揪上北京最后分别时，他穿的还是这身蓝颜色，上头闪着一层油光的土布棉衣。

彭总当国防部长时，不肯让人给他照相；被罢了官，成了老百姓后他却同意给照相……

有些播音员、主持人看了《补旧》，就简单地得出此篇是赞扬彭总艰苦朴素、勤俭节约精神的，这样理解此稿的用意就失之表面肤浅了。读者透过字里行间感受到的是彭总严于律己……生活上低标准，知足常乐，联想到在庐山为了人民的疾苦，上书万言为人民鼓与呼……，这是一种什么精神：只有心中装着革命，唯独没有自己的人，才会具有的品质，我们宣传学习老一辈革命家的这种精神，彭总永远活在我们心中，才是这篇文章精神实质所在。

由表及里，深入开掘，细细体验，这样内蕴深了，才能赋予生命，可见理解是感受的基础。按照理解深入程度的不同，可以形成不同水平的理解。有揭示事物间外部关系的理解，也有揭示事物间内部联系的理解，理解是感受中不可缺少的一种心理活动。

附稿件：一．小故事《中计》　二．《补旧》

〔稿件〕小故事《中计》

七月初的一天，在辽宁省海城县一个小山村里，住在张大伯家的某部侦察排的战士们刚刚起床，就看见房东张大爷气冲冲地走进屋来，张大爷绷着脸问道："昨天，你们谁进了我家的东菜园，把菜地弄得乱七八糟？"一句话把全排战士给问愣了，互相看了看，谁也没吭声。

这时候，有一个小战士的脸一下子红到了耳根。他叫洪松彪，是今年才入伍的新战士，原来，昨晚上是他悄悄地跑到菜地里，帮张大爷干活的。小洪心里直打鼓，他想，是不是我铲地的时候伤了苗？是不是水浇多了淹了菜？小洪越想越不安。这时候，张大娘又跑进来火上浇油地说："老头子，别跟他们说了，咱们去找指导员说个清楚。”话音未落，就拉着张大爷的袖子往外走。

刚刚十八岁的洪松彪，哪见过这个场面呀，小伙子沉不住气了，马上开口说：“大爷、大娘别发火，昨天是我跑到菜地里去的。我看你们二老年纪大，大爷成天又忙着队上的事儿，顾不了家，就抽空帮你们干了点活，谁知道我不会干，给你们添了这么大的麻烦，真对不起你们，有多大损失我一定赔。”说着就伸手掏钱包。

张大爷看到这个情景，倒哈哈大笑起来，大娘也跟着笑起来。他疼爱地拉着小洪的手说：“孩子你受委屈了。”小洪纳闷地抬起头来看着两位老人，张大爷得意地说：“孩子，你中计了，从打你们到我们村来搞训练，给大家伙干了那么多好事，可我们就是不知道谁干的，昨晚上我和你大娘一合计呀，就想出这个小计策来，果不出所料，你们还真中计了。”

全排战士这才恍然大悟，和大爷大娘一起笑了起来，洪松彪，这个虎头虎脑的小伙子却像大姑娘似的羞涩地低下了头。……

1981.10.13 《解放军生活》

〔稿件〕《补旧》

来到吴家花园，起初组织上还是要给彭总派护士，公务员他不要。他说：“我没有病，要什么护士，现在是个闲人了，还要人家来打扫卫生、料理生活，那真是岂有此理!”

从此，一应生活上的事，如扫地、洗衣服、补衣服，都是彭总自己动手，他的夫人浦安修同志那时在北师大作领导工作，只有星期日才回来。

冬天来到的时候，彭总找出了他的旧棉衣在廊檐下补着，一边晒太阳，我看他干得十分吃力，对他说：“眼花手笨的，还是我来吧。”他说：“你呀，未必有我这两下子。”

我接过来一看，针脚整齐，横是横，竖是竖的，补得就是不错。彭总从老花镜上边看着我，有些得意地说：“多多评头论足吧。”就在这次，他给我谈了他的身世。他童年丧母，家庭很穷，他不但要给人家当苦工，还要照管两个弟弟。“那时候，什么活没干过，什么苦没吃过？”彭总感触很深地说：“今天，住到这个圆明园，皇帝老子住过的地方啊！”

他的这身棉衣，是在抗美援朝期间，有次回国来，为了外出方便买来穿上“打掩护的”。质料很一般，外头连罩衫也没有。就是这身黑棉衣，伴着他在吴家花园渡过了六七个寒冬，后来又穿着它到了西南，直到他被林彪、江青派来的一伙人揪上北京，我们最后分别时，他穿的还是这身蓝颜色，上头闪着一层油光的土布棉衣。

记不得是哪个冬天了，也是一个风和日丽的日子，彭总在院子里补衣服。我带着家里人照相玩，走过他面前，故意逗趣地说：“这位老大爷，照张相吧？”我们都以为他不会干的，还会说：“我这个人长的丑”之类的话，谁知这一回他抬起头来，笑呵呵地坐正了，说：“照吧！”

笑声中，我给他拍了一张“老人补旧”的照片。

这张照片的主人已经不在人间了，照片本身也在一场浩劫中化成了灰烬，但是当时的情景，却永远留在我和妻子的心里。

（选自《在彭总身边》）

第四章　播音创造中想象的生理心理基础与特征

第一节　播音创造中想象的生理、心理基础和种类

一．言语与高级神经活动

想象是一种极为复杂的功能，它是在呼吸、振动、共鸣吐字，听觉等许多器官参与下完成的，它们之所以能够彼此精确配合，是依靠神经系统的协调作用，特别是它的高级部分——大脑皮质的控制。

大脑左右两个半球是脑的重要组成部分，其表层为灰质即大脑皮质层，其中包含大量的神经元细胞体（神经系统的基本结构与功能单位是神经元即“神经细胞”神经元），它具有接受刺激和传导兴奋的功能。大脑皮质高低起伏，形成许多沟和回，使皮质面积和数量更大。它具有全面协调和统一人体内部各器官系统活动的作用，使机体成为一个完整的统一体，又能感受外界各种刺激引起各种反应，使机体与外界环境保持统一。可见它在机体各系统中处于主导地位，是分析、综合、记忆、思维、计算、情绪、精神活动等高级神经活动器官。

大脑皮质可分：额叶、顶叶、颞叶、枕叶四部分（见图一、二、三)。

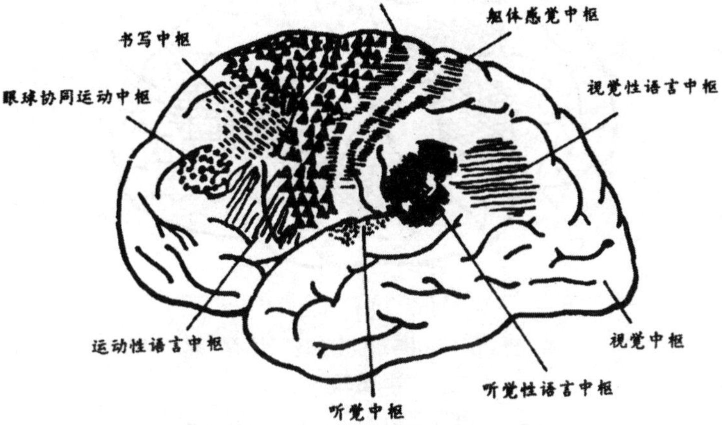

图一

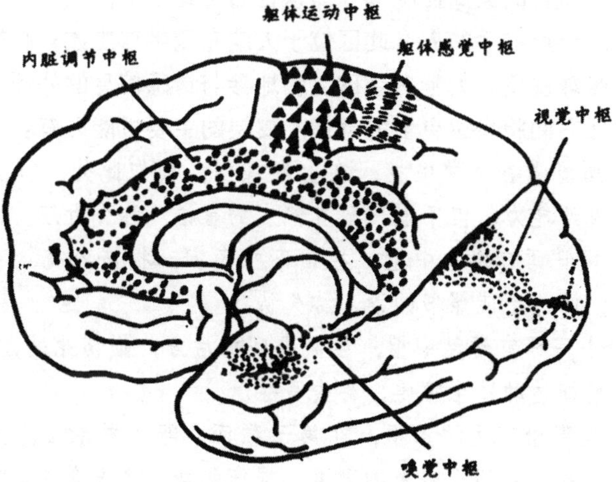

图二

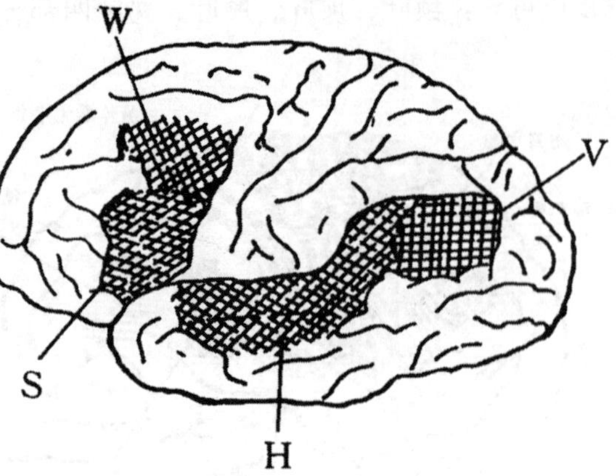

图三

注：S—语言运动区　　W—书写运动区

H—语言性听觉区　　V—语言性视觉区

发声器官的最高控制部分即语言的神经中枢，位于大脑皮质语言区。善用右手的人，此区位于大脑左侧半球皮质；相反，则位于右半球皮质。大脑右半球更多地参与情感信息的处理。通常左侧脸比右侧脸表达更多的感情。皮层的主要机能区有：

1. 听觉语言感觉中枢，在上颞蝶回，损伤此处，听觉无障碍，有说话能力，但不能理解其他人的言语，称失听症。

2. 视觉语言感觉中枢，在顶下叶角回，损伤此处，不能理解文字，因此不能照书阅读，称失认症。

3. 书写语言运动中枢，在额中回的后方，损伤此处，写字、绘画等精细运动发生障碍，称失写症。

4. 发声语言运动中枢，在第三额回，即布罗卡区，分析综合从喉、舌、面部肌肉来的刺激，损伤此处，丧失说话功能，称运动性失语症。

此外，人的头脑受到剧烈震荡，人的心理活动也会受到阻碍和发生失调（产生幻觉、错觉或遗忘症）。大脑两半球的肿瘤，会使人迅速进入痴呆状态。无脑畸形儿，生来不具有正常的脑髓，因此不能思维，最多只是饥、渴的内脏感觉等。所有这些都证明心理活动和脑的活动不可分割。心理是脑的机能，脑是心理的器官。

二．想象的生理、心理基础

想象是心理过程，想象亦是人脑的机能。心理学指出："人在感知客观事物的过程中，大脑皮层上已经形成暂时神经联系进行新的结合亦即旧的暂时神经联系经过重新配合构成新的联系的过程。"

"想象形成的创造，是两种信号系统协同活动的结果。"从形式上看，人的感觉、知觉、表象是属于第一信号系统，但想象的形象，是在皮层言语机能的一定区域，通过词而形成的。词对暂时神经联系的重新结合起着重要的调节和支配作用，所以都是在与第二信号系统的联系中发生的。

现代科学表明，下丘脑在情绪反应中占重要地位。下丘脑，丘脑和大脑皮层之间形成很多回路，它们同大脑作为一个整体，互相促进，互相抑制，共同调节着各种心理活动。

下丘脑——边缘系统可以调节情绪活动，参与记忆活动。还与视觉、听觉等活动有关。边缘系统与大脑皮层共同参与想象的形式。如果人的下丘脑——边缘系统损伤，想象的主要作用也就受到破坏。

在正常情况下，左、右两半脑是协调活动的，因为二者之间有一个称为胼胝体的组织把他们联系起来，近年来割裂脑的研究发现左侧脑主司言语、阅读、书写、数学运算、逻辑推理等心理活动，而右侧脑则具有空间关系、情绪、欣赏音乐和绘画艺术、舞蹈等功能，可见右侧脑是担负形象思维活动，左侧脑多担负逻

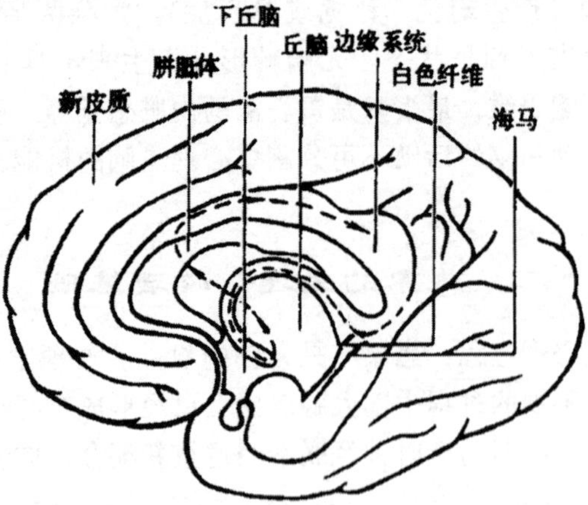

图四 帕帕兹环路示意图

虚线表示帕帕兹假设的边缘系统通路。它从脑背部的边缘皮层开始，经过一连串皮层下边缘结构，接着从下丘到丘脑以及由此到边缘皮层的主要神经地带。[①]

辑思维活动。胼胝体有2亿根神经纤维，每秒钟可以传导双侧脑之间的40亿个冲动，所以艺术家在创作过程中抽象思维和形象思维的频繁交替活动，是有物质基础的。

心理现象是脑的机能，是客观现实的反映，人的脑如果受了损伤，他的心理活动就要受到严重破坏。人脑是思维的器官。巴甫洛夫的高级神经活动学说，为科学地阐述心理现象和研究心理活动的生理机制奠定了基础。

想象既然是人脑的机能，想象就与其他心理活动密切地、有机地联系在一起。想象是在感觉、知觉和表象的基础上进行的。感觉、知觉是认识的开端，播音员、主持人在头脑中进行创造的

① 引自克雷奇等：《心理学纲要》，第22单元，待印。

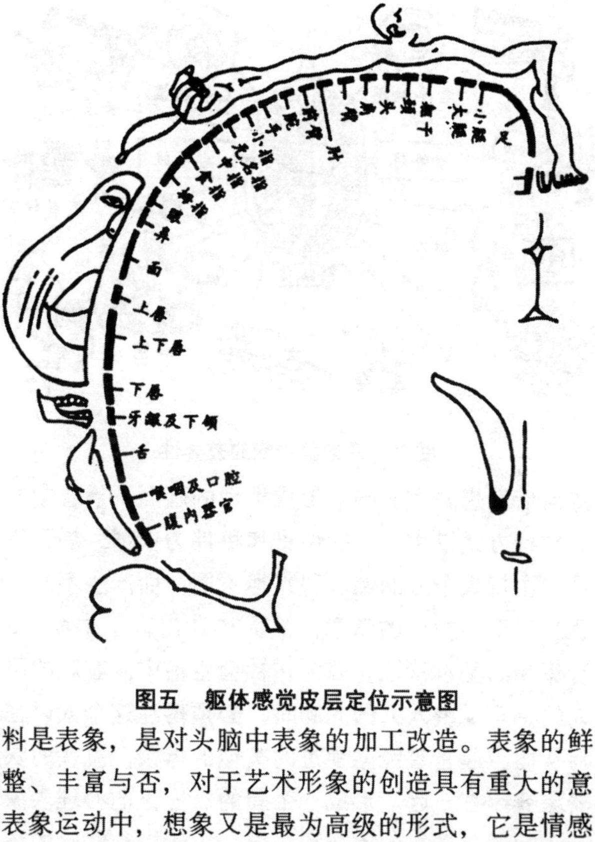

图五　躯体感觉皮层定位示意图

直接材料是表象，是对头脑中表象的加工改造。表象的鲜明、深刻，完整、丰富与否，对于艺术形象的创造具有重大的意义。而在各种表象运动中，想象又是最为高级的形式，它是情感因素与理性因素、心理因素与社会因素的一种独特的错综交织。想象的过程，便是以往的感觉、表象、印象再现出来，并得到创造性的加工与改造。

天文学家的想象是天文表象，植物学家的想象材料则是植物及植物各构成部分的表象。播音想象是以生活表象作为想象材料的，依据着稿件提供的生活逻辑而展开。想象帮助播音员、主持人以创造性的组合方式再现记忆中的一连串映象和印象。播音

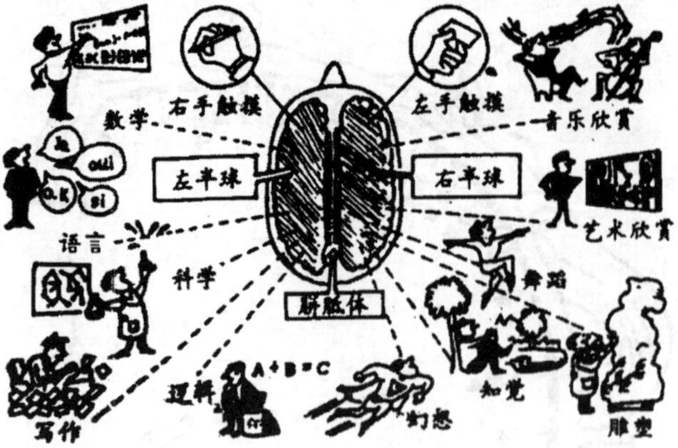

图六　双侧脑功能的差异性

员、主持人借助想象在头脑中形成生动的画面。播音中的想象以它自己的独特方式以生活中的情景和稿件为依据，展开想象。由于播音员、主持人个人的经验和兴趣不同，而产生不同的心理上的变形感受。唤起相应的情感，从而创造出富于生命力的形象，这是播音想象的基本特征。因为在社会生活中，客观的事物和现象通过人的感官反映入人的大脑时，必须落在这个人以往经验的积淀上，从而激起它曾经感受过的类似的体验，直接的映象与经验中的表象叠印在一起，形成一个新的、完整的心理表象。

由于人的感觉器官的差异和局限，由于以往经验的渗透与干扰，客观事物或现象一旦进入人的心灵中，就不可避免地要发生某种程度上的变形。没有变形就没有艺术。变形是艺术创造中一个带有普遍性的法则（当然，它要遵循着内容与形式辩证统一的规律）。如上海金山县农民画家阮四娣，别人问她为什么立着的鸡要画出鸡的脚底？她说我的笔是随心走的——鸡的脚底像朵花，比鸡的脚板好看，画画要好看（夸张、比喻、拟人、拟物等）。

三．想象的种类

根据产生想象时有无目的性，可以把想象区分为有意想象和无意想象。

任何一个人当他听故事时，都会在脑海中不由自主地随别人对故事的讲述而想象故事中的情景，这种想象是无意想象，是被动的，它和播音中的想象是不同的。

播音员、主持人的想象不同于一般的被动想象，这种想象是有着很强的目的性和自觉性的，是按着一定的任务和目的去想象的，属于有意想象。有意想象又可分为再造想象和创造想象。

（一）创造现象

创造想象是不依据现成的描述而独立地创造出新形象的过程。

创造想象，它是人类创造性活动的一个必不可少的因素。由于想象特别是创造想象的参与，能够结合以往的经验，在想象中形成创造性的新形象。像文学家的写作，科学家的创造发明均属于创造想象。

（二）再造现象

再造想象，是根据语言的描述或图样的示意，在脑中形成相应的新形象的过程。

所谓再造，一方面指这些形象不是自己创造出来的，而是根据别人的描述或示意再造出来的。另一方面，又是通过自己的大脑，根据当前的任务，在词的调节下，运用个人已有的知识经验、态度、情趣、趣味等心理因素的影响再造出来的。因此再造想象中也有创造性的成分。

播音员、主持人的想象既要以稿件提供的内容为依据，又要有播音员、主持人的丰富的生活积累来补充，通过播音员、主持人的想象把稿件上的文字描述变成了形象的连续的画面，同时在播音员、主持人自身引起与稿件内容相应的情感，并且把这种情感表达出来，使别人也体验到这种情感。播音员、主持人的再造想象有着自己鲜明的特点，我们认为情景再现是播音员、主持人再造想象的恰当概括。

播音员、主持人的情景再现，“由稿件的文字语言引起和制约，稿件的内容发展中，播音员、主持人的情景再现也随之发展，稿件中的人物、事件、情节、场面、景物、情绪……在播音员、主持人的脑海里不断浮现，形成连续的活动的画面，并伴随着画面不断引发出相应的态度、感情”，这个过程我们称为“情景再现”。①

情景再现，也是一种想象联想活动，不过它不是任意驰骋，它必须遵循稿件规定的目的、性质、范围、任务，它要以稿件提供的材料为原型，服务于视听的需要，情景再现促使感情进入运动状态以达到预期目的。所以，情景再现是调动情感的手段。

第二节　播音想象的特征

只有了解播音想象的特征，才便于运用。

一、要有具体的“视象”

想象在播音创造中，最基本的功能是在播音员、主持人头脑中清晰而鲜明地复现表象，复现正在孕育或已经孕育成形的形象，产生所谓“内心视象”。何谓“视象”？当你给别人讲述看过的一部影片时，你的脑海里顿时浮现出影片中的一些画面，这些画面尽管不是连续的，也不十分清晰，但它的映现使你立即唤起

① 引自《播音创作基础》。

有关的情绪，这种不是真地看到，而是在“想象中、回忆中重新映现的画面”，俄国戏剧艺术家斯坦尼斯拉夫斯基把其称作“内心视象”，简称“视象”。

斯坦尼斯拉夫斯基说过，“没有视象就不能表达自己的见解”。又说：“应当锻炼自己善于敏锐地正确地激发形象。不仅应当尽力把自己的视象传达给别人，还必须使别人看见他们。”

好的画家能给不在他面前的人画像，因为他内心视觉好，音乐家能奏出刚刚听过的旋律，因为他内心听觉好，好的播音员、主持人就应具备一看见文字稿件就能迅速捕捉到有关的形象，敏锐地激发相应的情感，生动准确地用语言把情景再现给听众。

如米开朗琪罗每当发现了一块满意的石头，便在眼前出现一个活生生的人物实体，他把雕刻视作“从石块中解放塑像”。这句富有哲理意味的格言，表明艺术家的目光，能从石块中窥探无形的塑像，它们期待着他去解放。

清代画家郑板桥论画竹，提出画竹的过程是：眼中之竹——胸中之竹——手中之竹。“胸中之竹”即内心视象，在头脑中复现竹的表象孕育为竹的形象。艺术想象调动头脑中贮存的表象以孕育形象，能达到栩栩如生、呼之欲出的境地。

复现表象的能力与记忆相关。记忆，一方面是贮存过去的生活印象的能力，另一方面，又是复现过去的生活印象的能力。一个播音员、主持人记忆的能力越强，他保存和复现生活印象的能力便越强，想象也便越活跃。所以，有意识地锻炼记忆（形象记忆与情绪记忆）将有助于增加想象力。

二．设身处地的体验

就是感受到对象的心理过程和心理特征的想象。

高尔基说过：“科学工作者研究公羊时，用不着想象自己也是一头公羊，但是文学家则不然。他虽慷慨，却必须想象自己是个吝啬鬼。他虽毫无私心，却必须觉得自己是个贪婪的守财奴。他虽意志薄弱，但必须令人信服地描写出一个意志坚强的人。”

福楼拜写到包法利夫人自杀的时候，自己口里也仿佛出现了砒霜的味道。

只有设身处地的想象，才能触景生情使情感燃烧起来。作家往往是带激情创作的。

聂耳在谱写《义勇军进行曲》时，“冒着敌人的炮火前进”——他眼前仿佛展现出东北义勇军为中华民族的生存而浴血奋战的画面，创作的冲动像泉水一样喷涌而出，连写都来不及写。

杨沫写《青春之歌》，当写到卢嘉川牺牲前给林道静的那封最后的信时，作者的泪水滚落在稿纸上，一滴滴地把稿纸都浸湿透了。

作者在写作时是如此动情，那么播音员、主持人就要在分析、思索中展开想象，在感受的体验中使自己情绪也燃烧起来。播者只有设身处地与稿件中的人、事、景产生了共鸣，使自己的深层心理富于活力，体验到其景其情的意蕴，才能播出感人至深的作品来。

例如，“正在这时，大雨点劈里啪啦打下来”。

这句话，既可以播成欣喜的情绪，盼雨，又可以播成讨厌的情绪，麦收时节不希望下雨。到底采用何种语气播就要看稿件上下文规定了什么样的具体情景，为我们的再创造提供了条件、依据，只要能设身处地展开想象，就能唤起准确、诚挚的感情。

再如，《一件珍贵的衬衫》中的一段：

“那是1972年8月3日夜晚，我刚学会骑自行车不久，在马路上想超过别的同志，不留神插到了快行线。突然一阵紧急刹车声，一辆大型‘红旗’轿车紧贴着我身体的左侧，嘎的停住了。我刚扭过头，见‘红旗’车后座旁的窗帘刷地拉开了。周总理那慈祥的面容立即跃入了我的眼帘。呵！我仔细再看看，真是我们敬爱的周总理。周总理正亲切地注视着我，目光中充满了关切，充满了爱护，充满了深情，像在询问：‘同志，碰着了吗？受伤没有?’……

“这时，总理的司机站在我身旁问我：‘同志碰着没有?’我才赶忙回答：‘没事儿！’有关人员在迅速察看了现场后，决定留下另一辆‘红旗’轿车送我去医院检查，总理的车才开走了。”

在播读这一段时，曾出现过两种截然不同的感受。一种播读把“呵！我仔细再看看，真是我们敬爱的周总理。”处理成在兴奋喜悦的心情下说出，理由是：“我可看到了总理。”另一播读把此句处理成是在“内疚、惊讶”的心情中说出。理由是：这是在车祸的特殊环境下，又是总理的车，万一出了事可怎么办。两种处理哪种更准确呢？这就要设身处地去体验，如果我就是当事者刘秀新，在这种情况下会是什么心情呢？刘秀新，这位二十四五的姑娘在给我们介绍时说：“出事了，人们围观，我羞得脸通红又不好意思，扭头一看是总理的车，说不上心里是什么滋味儿，想让总理的车快点走，别出事。”

透过刘秀新的心理活动，我们不难揣测出到底持那种情感更准确了吧，显然持后一种“内疚”情绪的才更准确。

由此例可以看出只有设身处地把自己摆到车祸的现场中去体验，当成自己的亲身经历。在这种情况下会是怎样的反应，什么心情，只有如此才能唤发真实感情。

三．还要有情绪记忆的参加

随着想象的展开，唤起相应的情感体验，这时是“情因事发”，随着想象的展开，被唤起的情感，越来越清晰，越强烈，像强光一样笼罩心头，“情因事发”之局面就可能改变成了“事随情迁”了。

记忆也是人脑对客观现实的反映，记忆也是一种心理过程。根据记忆内容或映象的性质分类的话，记忆分为形象记忆、情绪记忆等等。形象记忆指以感知过的事物形象为内容的记忆。如讲到北京饭店就似看到了坐落在王府井南口上的大高楼形象，这是形象记忆，像前面提到的内心视象，多属于此类。

情绪记忆，顾名思义，就是生活当中的情感记忆。如接到考上大学的录取通知书时的高兴、激动就属于情绪记忆。这种记忆可以成为一个人因某种体验经常激起某种情绪或某种心境，它是一种凭借身心感受和心灵体验的记忆，体现为主体的一种积极能动的心理活动过程。所以，在播音创造中经常使用情绪记忆，人们在回忆那些与情感经验相联系的事物时，会引起曾经体验的情感，用此方法可以迅速调动起相应的情绪来。

例如：上一章引用的例句："解放了，解放了，人们欢呼着，渔岛沸腾了，我们这群赤脚娃子蹦啊、跳啊、唱啊……"如何朗读才能使情绪唤发起来呢？这一段稿件反映的情绪恰好和粉碎"四人帮"时的情绪是雷同的。我当时在播此段之前是凭借着听觉记忆，脑海中一浮现"五星红旗迎风飘扬"歌曲的旋律，顿时忆起：当时班车行进在长安街上，扩音器传出这首雄壮进行曲的旋律，长安街上一队队载歌载舞的人们笑逐颜开，鞭炮声此起彼伏，商店的酒一时都脱销了……班车受阻行驶很慢，欢庆情景尽收眼帘，真是车内车外人们兴奋、激动的心情都是不可抑制的，那情景真如第二次解放了的感觉。……一听到这旋律，忆起这情景，一股兴奋、奔放、欢腾的情绪就油然而生，再播上面那段稿，真情实感也就被唤发出来了。当然，情绪记忆的被唤起不是一想便会产生的，它的唤起必须依靠一定的媒介——借助感觉、知觉记忆，像听觉、视觉、嗅觉、触觉、运动觉等一定的媒介刺激诱发出类似的情感，至于选用哪种媒介可以因人而异。有的人听觉敏锐，有的人嗅觉、味觉灵敏，可以因势利导，殊途同归。

在通常情况下，听觉、视觉记忆是最能帮助想象，唤起情绪记忆产生情感的。

凡生活中熟悉的、感兴趣的记忆就踏实，生疏的，记忆就淡薄。另外，有些事物虽经常接触，如果没有记忆的意图，对他们就没有印象，比如你居住的楼房的台阶有多少级？多数人记不起来，而知识技能的学习有意识记就记得牢。所以要善于观察积累并储存情绪记忆，因为想象是根据记忆发展来的，记忆痕迹的深浅与是否有情感伴随关系甚大。

四．联　想

情景再现在运用中，有意地激发联想，也是不可缺少的心理方法，

联想是人们在回忆时由当前感知的事物回忆起有关的另一事物，或者由所想起的某一事物又想起了有关的其他事物的一种精神联系。

许多事物之间存在着的不同程度的共性，以及人们对事物之间存在着的某种认识上的关联性，构成了联想的客观与主观的基础。这种基础的存在，往往使人们可以由当前感知的事物，“触景生情”地联想到有关的另一事物。人们不但可以从事物的接近点、相似点形成联想，也可以从相反点、对立点产生联想。依据反映的事物间的联系不同，联想主要分为四类：

接近联想。它是指人们对在空间或时间上接近的事物形成的联想，由一事物联想另一事物。如祝希娟在演《红色娘子军》中琼花犯纪律打南霸天一场戏时，她想象了琼花的家史及父母的惨死，联想到画展中的“血衣”、“破被”，实拍时抓住“父的遗体”和“惨叫声”的刺激，一下激发出琼花的眼神中迸发的怒火。演戏和播音虽不一样，但是刺激接近联想进行创作的心理方法却是相通的，是可以借鉴的。

类比联想。它是指人们对一件事物的感知或回忆引起对和它在性质上接近或相似的事物的回忆，是相似联想，也叫类比联想。

如原中央人民广播电台播音员、主持人王欢同志在早报摘节目中播女排夺魁消息时，播得激动人心，赢得好评。可是她头天晚上并没有看到电视中报道的情景，也未听到此消息，而是早早睡下了，为什么能把消息播得如此生动传神呢？一来是消息让人兴奋，二来是她借用了类比情感的刺激与调动：早上一上班，值夜班编辑、记者们热烈议论着头晚“北大”、“清华”等校园内外沸腾的情景……这些情绪对王欢的刺激，使她联想起60年代第26届世界乒乓球锦标赛中国队夺冠时的情景……顿时一种兴奋激动的喜悦之情升起，这种昂扬的情绪使这次女排夺魁的喜讯报道大获成功。

播音员、主持人运用这种相似联想反映事物间的相似性和共性。用此法来寻找情感上的相似性，以便迅速及时地调动感情投入播音创作。

对比联想。它是指人们对某一事物的感知，立即引起和它具有相反特点的事物的联想。

如由黑暗想到光明，由冬天想到夏天等，在儿童节目里可以采用对比联想，充分挖掘儿童对比联想比较丰富的特点去分析和认识事物。

关系联想。它是指人们依靠事物间的各种关系而导致对外部事物的联想。由于事物间的联想是多方面的，所引起的关系联想也是多方面的，如部分与整体的联想、因果关系联想等等。我国画论中的“深山藏古寺”画例就妙在画家充分利用欣赏中联想的作用。用简练笔墨表现了一个难表现的画题。画家用一个老僧在山涧泉水旁担水形象解决了难题。山涧泉水，使人通过关系联想推及那个“深山”的存在；老僧担水可以通过关系联想，去想到

“寺”的存在——山中没有“寺”，哪来担水的和尚；至于老僧那老迈的形象，则使人产生对比联想（由老僧想到小僧，为什么不是小和尚挑水）、关系联想（如有小和尚在寺里，老和尚该“坐享清福”了）和相似联想（由老和尚担水想到寺的荒破，想到古寺），这样画外之意就在联想中被接受了。

可见，无论是哪种联想，都能帮助播音员、主持人从别的事物中得到启迪，促成人的思维活跃，联想和想象是相辅相成的，交替使用的，在播音再创作中，它们被广为应用以引起情感活动，带动积极的心理状态，运用种种心理方法，引发的情绪体验愈强烈，愈让人感动，愈能达到情感上的共鸣。

综上所述，播音想象的4个特征是相伴随而涌现的，也会因内容的不同而有所区别，有所侧重。播音再创造中的想象只是调动情感的手段之一，更何况它也要与其他手段相配合。播音是一个综合艺术，生活是播音创作的艺术源泉。

第三节　想象的作用及运用

想象作为心理活动过程被播音员、主持人广为应用着。那么想象都有些什么作用？运用时应注意什么呢？

先谈谈它的作用：

一．充分发挥原有经验的最大作用

诗人不都是“闺中少妇”，何以能感到她们的情感，写出许多感人的诗篇呢？因为人是具有观察、想象等高级神经活动机能的，所以人能通过想象去体验别人的感情，这里只是相应的一种。情绪的感受，不可能完全和亲身经历的一样深刻。所以运用想象去唤起相应的情绪，对理解作者所体验到的，而我们没有感受的情感是很必需的。因为，播音员、主持人每天接触的稿件内容是很广博的，上至天文，下至地理，古今中外无所不包，要播好这些稿件就要或多或少地借助于间接经验，依据生活的积累去丰富补充，在平时要做有心人，向社会学习，看电影、电视、话剧，读作品，看画展……都可以丰富我们的见闻，增强感受，这就要求播音员、主持人勤于动脑，善于分析，在日常的所遇、所见、所闻中积累素材，以便用时信手拈来。

鲁迅先生也说过："作者写出创作来，对于其中的事情，虽然不必亲历过，最好是经历过，诘难者问：那么写杀人最好是自己杀过人，写妓女还得去卖淫吗？答曰：不然。我所谓经历是所遇、所见、所闻，并不一定是所作，但所作自然也可以包含在里面"。

其中直接的生活体验、生活感受，仍然是十分重要的基础。没有这个基础，间接经验不可能化为血肉丰满的形象。只有在这个基础上，才能合情合理地联想自己未曾经历过的一些事情，才能使间接经验和直接经验、生活感受融为一体，从而创造出绘声绘色的形象，深深地去感染人。经验是想象必不可少的。已故的齐越教授是新中国第一位男播音员，他的播音创作充满了感人肺腑的激情，给听众留下难以磨灭的印象。他的播音感受非常充实丰富，因为他的生活积累丰厚，如他在播《大地的儿子——周恩来》时，他重温了与总理相处的日子，周总理来广播大楼视察，语重心长地说"要发扬延安精神努力办好广播"以及他在亚非疗养院休养时，总理派人前去探望、关心他的病情的情景……一幕幕闪现，心潮翻滚，情绪激荡。当他播到总理的理发师最后为总理理发时，多少受众为之哭泣……丰厚的生活积累为齐越的播音创作提供了依据，使他的想象力丰富、细腻、深切、感染力强。

生活积累是一个潜移默化、自然积累的过程，感受的起点往往是无目的的。我在大连台工作上大早班，面对小山上的一片园子练声，早春时节我体验到的情景，后来在播朱自清的《春》时被用上了。“小草偷偷地从土地里钻出来”，早春的草极为细小，它的出土往往不为人注意，“偷偷地”茸茸的鹅黄色的小草，瞧去一大片一大片满是的，近看却看不见绿的颜色，但放眼望去“嫩嫩的”一片一片的，这种直观感受在播《春》时就产生了“心有灵犀一点通”的作用，能捕捉到细腻复杂的感受，就能准确把握作者激跃的情怀。

要想使我们的播音做到受众喜闻乐听、乐看，就必须要有生活，要争取尽可能多地深入生活并与之产生共鸣，再播反映他们的稿件时，才能有坚实的思想基础。

二．想象是为揭示作品主题和目的服务的

播音中的想象不是任意驰骋的，而是依据稿件作基础的，脑海中有了依据稿件展开的画面发展变化序列，使其运动方向呈一定的指向性，即为稿件的播出目的和主题服务，这就要抓准最集中、最典型表现主线的段落、情节，展开充分想象，愈具体真切，播音才愈生动形象，主次详略才愈分明。

以谢璞的散文《珍珠赋》的一段为例，原文写道：“在一只渔舟上，我们大开了眼界，一位白发老渔人从舱里捧出一握珍珠来，只见那颗颗珍珠有大如羊奶子头的，有小如红豆的，光华夺目，莹光熠熠，我们不禁问：‘每年可以收多少颗珍珠哇?’老渔人笑着说：‘这里的珍珠不是论颗数，而是论斤两的，汉寿县有个大队今年就可以收珍珠 110 斤哪!’”

这一段描写，在全篇中是第一次，也是仅有的一次实写珍珠的，后面是由此生发开去“碧绿的珍珠”、“雪白的珍珠”——通过赞稻田、棉花从中赞洞庭人民的斗志。为了表达这一主题，就要善于抓住点题之笔，——实写人工养殖珍珠喜获丰收的段落。动用想象的手段去“亲历一番”，细微具体到依稿件文字描述输

入的信息，用经验补充丰富，通过想象，再输出的信息是听到了老渔人豪爽的声音、看到了笑着的神态，感受到了满怀喜悦的话语。让受众也似听到、看到、感觉到了这一切。上等珍珠光华夺目，就给人留下了深刻印象。那么想象的运用就起到了为播出目的，突出主题服务。

所以，播音的想象不是抓细微末节——展开想象，而是要把握整体布局，学会削弱带过次要处，力量使在刀刃上，使重点鲜明突出或绘声绘色留下深刻印象起到强调作用。这样稿件的各句、各段、各层向着目的光点聚集，各找各的位置、各显各的作用。

三．想象是调动情感的手段

播音员、主持人平日备稿时间紧，来不及想象的情况有，但更多的情况是稿子来了许久（专题稿），有了时间又不去琢磨，使稿件播得呆板生硬。甚至有些人为了克服播不生动，就把精力都用到如何出视象上去了，导致加强了形象感受，却忽略了逻辑感受，播出来不分轻重，一个个画面清晰了，却弄得支离破碎，又播不完整了。造成此症的原因是：把想象当成了目的，忘记了它只是种手段，意在用此手段去唤起相应情感才是目的。

所以，切记想象是调动情感的一种手段，而不是目的。

四．想象的运用

想象的运用是一瞬间的事，一闪而过。

情景再现在备稿件中可以详尽细微推敲设计，到了话筒前播出时，情景再现只是一闪现，意在借助它唤起相应的情感投入创作即可。这就如大雪后的清晨，你上班到电台，值夜班的同志问你外面冷吗？你在回答之前，脑海中呈现了上班路上的情景：脚下积雪吱吱作响，北风吹得逼你把大衣领立起来……等等，这些视象立即唤起你的情感。回答：“真冷！”在别人看来你是立即回答的，然而你脑海中确实展现了景，由景唤起情而作答的。可见，想象是一瞬间的事。这就是源于生活，又高于生活的道理。

第五章　情感的功能特征及焕发过程

第一节　情感的生理心理基础以及特性

一．什么是情绪和情感

情绪和情感是十分复杂的心理现象。情绪和情感是从不同的角度来标示感情这种复杂的心理现象的。它们既有联系又有区别。

1．情绪

例如由饮食要求引起的满意不满意的体验，在危及生命时所产生的恐惧等，都是最简单的低级的情绪体验。

2．情感

与人的社会历史性有关。人类在社会历史发展过程中所形成的稳定的社会关系决定着人们对于客观世界的态度，对于这些受社会关系所制约的态度的反映，就是人类所特有的情感。例如：责任感、羞耻感、集体感、荣誉感、求知欲等都是人们在社会生活条件下所形成的高级情感。

3．情绪、情感比较

情绪是人与动物所共有的；当然人的情绪与动物的情绪有本质的区别，它也受到社会生活条件制约。	情感则是人所独有的，是受社会历史条件制约的；
情绪则常用于感情的表现形式方面，它具有较大的激动性和短暂性。因此，当谈到狂热的欣喜、强烈的愤怒、持续的忧郁时，常用情绪表示；	情感多用于表达情感的内容，它一般具有较大的稳定性和深刻性；而对高尚的情操、精湛的技艺的体验，则用情感表达。

但情绪和情感又是密切联系的。

例如，孩子的不良行为，可能使母亲产生愤怒的情绪，严厉管教中又渗透着母亲对子女的亲子之爱的情感。

又如抗洪赈灾充分显示了一方有难、八方支援的共产主义情感，此中也充满了与洪水搏斗的情绪的紧张度，超负荷扛沙袋的疲劳度等等交织在一起，因此，我们往往很难对人的情绪和情感作严格的区分。

情感，就是人们对与之发生关系的客观事物（包括自身状态）的态度的体验。不同的体验是以人的不同态度为转移的，因此情绪和情感是人对客观事物的态度和体验的一种反映。

在广播电视传媒中，无论是报道科研成果、宣传英雄人物的事迹，还是报道缉拿特大走私案、惩办贪污受贿案，都会产生有关情绪和情感的体验，而这些又有态度伴随，当稿件中的人、事、物、理被播音员、主持人深切感受到之后，宣传者所面临的便是按自己的经验和社会价值的需要，以马克思主义的立场观点，以党的方针政策为指导，从而作出对稿件内容的估价、判断，肯定所是，否定所非，赞颂真、善、美，揭露和抨击假、恶、丑，做到立场坚定，态度鲜明，而决不能无动于衷，冷漠超然。

二．情绪、情感的生理、心理基础

情感的生理心理基础。从生理心理机制上看，人的认识活动是在大脑皮层上进行的，而情绪反应则是由皮层下中枢直接发动的。大脑皮层与皮下中枢之间有着密切的神经联系。情感实际上是大脑皮层和皮层下中枢协同活动的结果。外界的刺激通过人的各种感官传至大脑皮层，皮层通过对它们的评价而形成一定的态度，然后通过神经兴奋将其传至皮层下中枢。位于两半球皮下的脑的各个部位有着有机体生理活动的各个不同中枢。皮下中枢的兴奋便引起许多内脏器官活动的增强；因害羞而脸红，因生气而脸色苍白，因悲伤而落泪，因害怕而出“冷”汗等，这种反应返回传到大脑皮层，人就会被情绪状态笼罩。因此，情绪过程是被皮下结构调节的，而评价、认识等过程则是大脑皮层的机能，只有大脑皮层能评价经验的感情性质，并组合这些情绪为爱、恨、兴奋、喜悦等。大脑皮层促成感情体验，下丘脑促成情绪表现。

三．情绪、情感的属性与形态

情感有三种属性：强度、性质和持续时间。喜、怒、哀、乐、欲、恶、惧等七情，基本上概括了情绪的基本形式。但其中又有程度的区别和强度的变化如：

快乐——满意、愉快、欢乐、狂喜

悲哀——遗憾、失望、难过、悲伤、哀痛

愤怒——轻微不满、生气、愠、怒、忿、激愤、大怒、暴怒

以上是情感由弱到强的强度变化，这是情感的第一个属性。

情感性质由单一到复杂，这是情感的性质即第二个属性。

第三个属性：持续时间。一种感情状态可能延续短时间或长时期。短的可以是瞬间、暂时性的，长的长到一种心境，可以持续几天。情感强度属性又派生出强度差异的情感形态，共分为三

种，就是激情、心境与热情。这三种具有强度差异的情感形态，正是播音再创造中的情绪状态。

1. 激情：激情状态是一种强烈而具有暂时勃发性的情感或情绪。它能在瞬间爆发出巨大的情感能量，在生理心理上的特征是心跳，呼吸有明显变化，表现出高度的活跃或抑制。注意力也处于高度的集中，播音创作中的激情是指积极的能给人以动力的激情。像郭沫若就是一位富于激情的诗人，播音界齐越教授也是富于激情的人。

2. 热情：则是对一定事物而生的某种深厚、坚定的情感。它目标明确、有冲动感，急欲发泄而后快。它的满足过程常常伴随着意志活动。

1998 年抗洪抢险荆江保卫战中，19 岁的战士一个个扛起百十斤重的沙袋就往堤上冲，这在平时，摄氏四十多度高温下是很难做到的，但抗洪时那种使命感、责任感，使战士们力量倍增，“人在堤在”，这是一种多么可贵的热情啊。

3. 心境：是一种使人的一切其他体验和活动都感染上情绪色彩的、比较持久的情绪状态。当一个人处于某种心境中，他往往以同样的情绪状态看待一切事物。良好的心境使人在待人接物中发生兴味，易于处理；不好的心境使人感到凡事枯燥无味，容易被激怒，遇到困难也难以克服。

心境引起的原因，如工作的顺逆，事业的成败，人们相处的关系，健康的情况，甚至自然环境的影响等都可以成为引起心境的原因。过去的片段回忆、无意间的浮想有时也会导致与之相联系的心境的重现。心境的情感能量强度小，是弥漫性地平淡地溢出情绪色彩。它来自于对生活的长久的潜移默化的感受，取决于自己的立场观点具有宽泛性，更容易带有普遍性。

心境对人的生活有很大影响，积极良好的心境有助于积极性的发挥，提高效率，克服困难；消极不良的心境使人厌烦、消沉。因此，要努力克服消极心境的影响，摆脱消极心境。良好的心境对于播音创作是很重要的，要善于驾驭心境。

情感的属性和形态在播音再创造中往往是综合体现，一般地说，创作热情必须有，心境也得具备，而激情的运用可以因人、因内容制宜。

情感，是播音创作的动力源泉，他对加深认识情感的多维性，对更精细地把握情感的尺度分寸将会提供依据。愈是成熟的播音员、主持人，驾驭感情愈是在细微处显功夫。因为情感往往由不同的情绪组合而成，显得很复杂，以至不同的情绪的外延与内涵模糊不清时，常表现着各种双重情感，如“既爱又恨”，“悲喜交集”等等。情感又呈现多维性，更精确地把握情感的尺度、分寸对恰当地主持一个栏目，对提高播音功力是大有好处的。

第二节　情感在播音再创作中的功能

一．情感的动力性功能

列夫·托尔斯泰说过：“在自己心理唤起曾经一度体验过的感情，在唤起这种感情之后，用动作、线条、色彩、声音以及言辞所表达的形象来传达出这种感情，使别人也能体验到这同样的感情——这就是艺术活动。”

播音创作主体的情感萌发，是客观生活与主观心灵的有机结合，是一个“感之于外受之于心”的过程。

艺术创作的“动力学原则”，他的创作冲动总是首先来自社会现实，在他内心激起的感情波澜，这种感情波澜，不断激动着他、逼迫着他，使他按捺不住一吐为快的创作激情。

齐越同志于 1966 年 2 月 6 日在中央台早报摘节目和其他节

目中报道的《县委书记的榜样——焦裕禄》，给全国人民留下了难以磨灭的印象，至今90年代了，我还清晰记得。当齐越播到兰考乡亲趴在焦书记的坟上哭诉，“俺兰考人民离不开你呀”时，我和守在机旁的编辑、机务人员都哭了（当时我正在值班）齐越同志播得如此感人至深，除了他的功底扎实之外，还要得力于他的经历丰富。在播焦裕禄之前，齐越曾参加过山西五台县农村的“社教运动”，在同吃、同住、同劳动中，他深深感到农村基层多么需要有胆有识的带头人啊！深入生活的体验，一直在激励着他，当穆青同志采写的《县委书记的榜样——焦裕禄》稿件一拿到手，齐越同志越看越激动，看着，看着，一幕幕在基层锻炼时的景象，在脑海中一一地对应，一一地体验，想象的翅膀在翱翔。播音时，所有这些直接体验都变成了焕发情感的动力，一种蕴聚在齐越内心的强烈情感在胸中奔涌激荡，使他全身心地投入到其情其景之中去了……

可见持久而炽热的情绪情感会激发无限的能量去完成创作，情感对播音创作具有动力性。

历史学家要积累史料，法律学家要积累案例，经济学家要积累数字，昆虫学家要积累大量的标本，这是职业性质始然。播音员、主持人应积累的东西很多，但最重要的却是生活与情感的积累。

二．情感的定向性功能

有人说播音是再度创造，是依据现成的稿件，有作者为我们定向了，播音只要照着字播是不会偏离方向的。我们说未必。在播音再创作中，任凭感情的驱使，信马游缰，不注意控制，很可能就要偏离主题和目的的航向。

稿件《由牛引起的故事》是讲辽宁某高炮旅五营的战士与驻地村民因黄牛事件发生了争吵，高炮旅党委因势利导，结合黄牛事件对部队进行深入的拥政爱民教育，使干部战士从中受到教育，提高了军队在精神文明建设中发挥带头作用的观念。

怎么处理此稿？有的学生在描述黄牛事件的过程中播得津津有味儿，让人听了留下了双方争打得真热闹的印象，而后面讲述旅党委的做法时，倒平平带过，造成喧宾夺主。此文从写法上，在叙述双方由黄牛引起误会、争打一段，用的是描述，语言也生动，而讲旅党委因势利导做干部战士思想工作时，用的是叙述语言，这给表达平添了难度。“争打误会”应该是作铺垫的段落，写得生动，表达很容易上口，出彩儿，若不注意主次的安排，很容易把非重点段的分量给重了，而重点段，又是叙述语言，看似平淡内蕴深刻，只有开掘出准确的主题与目的，才会在高炮旅党委面对受委曲“被打”的事实，能高姿态、主动登门向地方道歉，透过现象抓本质，从“黄牛事件”中看到了干部、战士拥政爱民观念淡薄了，组织讨论因势利导。当理解有了深度，表达上就会抓住重点，把高炮旅党委是怎样深入细致、诚恳耐心地做思想工作，播出分量，文章的中心就显现出来了，也就避免了“正不压邪”、本末倒置的倾向。由此可见，在播作品时不都是愈有感情就愈好。情感的浓淡多少要因稿件内容制宜。情感对播音创作具有定向性作用，情感的浓淡、收放都要为阐释、抒发中心思想服务，而不能激情一上来，信马游缰，任凭感情放纵而不可收。

三．情感的调节性功能

艺术创作很讲究分寸、火候与度，艺术技巧愈高，在创作的细腻上愈见功夫。古代宋玉的《登徒子好色赋》中有一段话：“增之一分则太长，减之一分则太短，著粉则太白，施朱则太赤。”可见恰到好处才是度的最佳选择。

齐越教授生前在上海电台播录《为了周总理的嘱托——记植

棉劳模吴吉昌》时，因为吴吉昌和齐越在文化大革命中有太多的相似遭遇，齐越是哭着播完这一长篇通讯的。一个多小时过去了，在场的录音员都说播得好。可是齐越却要求休息后重录，他认为刚刚播过的一遍情感调控得不够，哭出来了，感情太露，不理想，坚持重录。一个多小时的节目又重新录，第二遍播录，齐越依然是激情满怀，感情起伏跌宕。这一次他噙着泪，控制着感情播，没有让自己哭出来。俗话说："泪眼描写易，愁肠写出难。"齐越教授就是这样精益求精，一丝不苟。他的播音讲究要动真情，又讲究"度"。适度就好，否则，情感再激动不足取，可见情感对播音创作有着调节性，不足要焕发，过了要收敛，播音的创作原则就是宁肯情足声欠，也不能声足情欠。

四．情感在欣赏接受中的感染作用

从以上论述，可以看出想象的过程一直都是伴随着情感的活动，情感对于播音再创造过程，起了动力性作用。情感在收听收视中的感染作用，更是被播音同行所重视。

1962年2月通讯《县委书记的榜样——焦裕禄》的播出，感染了全国各行各业的人们，有的人还反复收听（此篇通讯曾重播几次），各阶层人民纷纷来信，写下他们听后的感受。封封来信感人至深，这里摘录其中两封来信片断："从2月8日以来，我连续收听关于焦裕禄事迹的广播，我一向不易掉泪的……而这一次，我再三地收听广播时，一手握住毛巾，双眼对着报纸上的事迹介绍，不知怎的，我分明知道越听越要哭，但我还是一而再，再而三地又听又看……"（这是广州一位听众的来信）。山东蓬莱一位听众给中央台来信说："我听了广播以后，焦裕禄的形象不断地在我脑海中出现。我是个民办教师，我用他为镜对照一下，我还差得很远。我要向焦裕禄同志学习，不图名，不图利，一心一意培养祖国后代。"

这里仅例举一、二就可见播音创造对听众的感染之深。像焦裕禄这样的反响强烈的播音节目还有很多，如《九评》、《杨水才》、《王国福》、《李月华》、《假如共产党员都像她》等等……都给听众留下了难以磨灭的印象，这些英雄的精神一直活在人们的心中，激励鞭策着人们不断奋进。

为什么这些播音能经久难忘，强烈地震撼着人们的心？归纳起来，有这样的共同特点，即：他们的情感多是自己切身体验过的、独特而真诚的情感，而且它超出了个人的狭小圈子，升华为人世间具有普遍性的人类情感。

播音在千千万万人的社会实践活动的基础上，在同广大受众同呼吸共命运中才能有生命力，它是播音创作主体的人生经验和心理，同广大受众同呼吸共命运的时代心理契合。

列夫·托尔斯泰认为艺术感染的深浅程度取决于3个条件：“（1）所传达的感情具有多大的独特性；（2）这种感情的传达有多么清晰；（3）艺术家的真挚程度如何，换言之，艺术家自己体验他所传达的感情时的深度如何”①。这3条中，他最看重真挚。真挚是发自灵魂深处的真情实感，这样的情感，当然会是独特的，艺术家也能找到清晰的表达方式。凡给人留下深刻印象的播音，细细分析都具有以上几方面特点，看来这是带有规律性的经验。

艺术情感是创作作品时，时刻激励着自己，同时又渗透在艺术作品中感染着欣赏者的一种情感。

如《爱的凝聚》从152次列车在高岭特殊停车一分钟，悬念产生（怎么回事？）抬上一个病人——满脸是血、昏迷的小男孩（怎么受伤的？伤势如何？）接下来叙述事情经过……才明白为什么破例停车，由衷地敬佩高岭车站调度室的员工们这种急人民所

① 《西方文论选》下卷第439页。

急的精神！同时又担心，到了秦皇岛又怎样呢？——病孩儿的命运牵动着关心此事的听众的心。

播音员、主持人的情感在创作活动中不仅强烈地感动着自己，而且还播送出具有感人肺腑的作品来。这些作品奉献给欣赏者时，就可以具体生动的形象“传达感情”。受众在全身心投入的欣赏过程中会不知不觉动了感情，跟着小利军的父母一起焦急，一起欣慰，感动高兴，并从中生出由衷地为铁路员工、医护人员想人民所想、急人民所急的助人为乐精神所感动，热情讴歌他们、赞颂他们。

情是艺术创造的内驱力，这里的情之所以成为一种动力，是因为它是由衷之情，发自肺腑，情动于衷而形于言，由于作品诱发了不可抗拒的创作激情，近而焕发出“不吐不快”的状态。

郭沫若当年写《地球，我的母亲》时，想到了国难当头，要立刻回到祖国……趴在地上亲吻土地，这是真情；鲁迅先生为了“三·一八”惨案的烈士们，写出了《为了忘却的纪念》这是真情；齐越播录《吴吉昌》时抒发的也是真情。

第三节　情感的焕发过程

情感，是更高一级的心理体验。这种体验比感受更深刻，是感之于外，受之于心的更积极、更炽热的反应。同时情感也反映着态度的差异，反映着感受的凝聚，但更具外射功能和主观特征。一个优秀的播音创作者，应该使自己的感情处于一种积极的运动状态，同稿件的人物同呼吸、共命运，同喜共忧，同笑共哭才能深深打动听众。

列夫·托尔斯泰谈到情感时指出：“人们用语言互相传达思想，而人们用艺术互相传达情感。艺术是以下面这一事实为基础的：一个用听觉或视觉接受别人所表达的感情的人，能够体验到那个表达自己感情的人所体验过的同样的感情。……艺术活动就是建立在人们能够受别人感情的感染这一基础上的。”①

既然如此，从播音心理学的角度对于感情要素加以探讨，就非常必要了。这里，我们将集中探讨感情的动态一般性问题——感情的动态常势。

情感，在人们心中产生，便是动态的、变化的，有时似涓涓流水，有时似惊涛骇浪，有时委婉畅达，有时汹涌澎湃，即使在一篇稿件中也呈起伏跌宕的趋势。

感情，要唤起听、观众的情感反应，它当然也必须合于人们在生活中情感的动态常势，并把这种常势——情感活动的一般趋向，一般规律，作为播音形态的趋向和规律。

一．情感的积累积聚

由弱到强，由单一到复杂，这是感情最常见的变化方式，也就是积聚感情。

心理学家指出，人的高级神经活动具有一种条件刺激物的总和规律。这种规律保证了来自条件刺激物的刺激信息，它所引起的条件反射的反射量可以随着刺激信息不断传入而积累起来，常常会准确地表现在情感活动中，《草地夜行》中红小鬼的情绪，由疲惫——不爱理睬——钦佩——焦急——悲痛——化悲痛为力量，随着情节的发展，感情处于变化之中，感情的出现总会由弱到强，或由单一到复杂，或兼而有之。

基于情感变化的这一特性，播音感情便经常地采用这种积累的动态常势。

例如杨朔《荔枝蜜》写蜜蜂，从本不喜欢蜜蜂写起，写了不

① 《论艺术》第45页。

大喜欢的原由是小时候让蜜蜂螫了一下，以后每逢看见蜜蜂，感情上疙疙瘩瘩的，总不怎么舒服。文章作者这次到从化，在那“荔枝树多得像一片碧绿的大海”的地方，看到了“蜜蜂满野嘤嘤嗡嗡，忙得忘记早晚，有时还趁着月色采花酿蜜”的情景，而又尝到了那么香甜的好蜜，才牵动了情怀，“想去看一看一向不大喜欢的蜜蜂”。字里行间透着对蜜蜂着实可爱的情感。进而作者以自己深入的观察，独特的感受，写出这些可爱的小生灵“是在酿蜜，又是在酿造生活；不是为自己，而是为人类酿造最甜的生活”。此时作者对蜜蜂的精神的感叹已经积累到一定程度，深情而由衷地赞颂，完成了情感力量的积累过程，便必然地在听众心理掀起了由对蜜蜂的赞美，进而赞美为后世子孙酿蜜的人民的情感波澜，把高潮推导、点染出来。在文章结尾处“梦见自己变成一只小蜜蜂”，这里，作者不仅是喜欢蜜蜂，而且愿意变作蜜蜂，将文章的寓意向更深处推进。让人回味，发人深思……

如果没有这种积累，哪有情感的动态美呢？

播音员、主持人每天报道的各条战线上先进人物及其事迹，其中含有丰富的情感。如果播音员、主持人的感情世界贫乏，就犹如缺少动力系统的机车，寸步难行，这样的播音必定是寡情心枯，淡而无味。只有通过稿件文字词句的概念及其运动的刺激，才会迅速让全部的外在感官和内在感官都调动起来，全身心地激活起来运动起来，从某种意义上讲，这是完成整个播音创作的心理准备，又是播音创作的动力源泉。

二、情感的强化

这是指围绕一定的抒情中心，提供受众视觉、听觉、触觉等不同感官的适宜刺激条件，而这些刺激作用于感官所唤起的情感，使激情中心所抒发的情感又是同一种类。这种多角度同向感受的生理机制在于，这些刺激经由不同的感官转换为不同的神经冲动，经由不同的传导途径向神经中枢传入，不同感觉的神经冲动都沿着一条通路经脑干网状结构，又传到大脑皮层的非特异区，弥散在大脑广泛区域，这样一定的情感就被激活了。正因为不同感官的信息可以在这样一个通道上如众流汇聚般地合到一起，作为合流去激活情感，所以，不同的感官传入的信息越多，或者说，不同的感官越是被充分地调动起来接受和传入信息，它们所形成的激起情感的合流就越强而有力。

例如通讯《爱的凝聚》，记述了辽宁某县的 7 岁孩子被牲口踢成颅骨破碎，昏迷不醒，铁路部门破例停车，并在秦皇岛车站争分夺秒地用汽车把垂危病儿送到医院，经医生全力抢救，得以脱险的事，赞颂了一方有难，多方支援的精神。

这里围绕着爱的凝聚这一情感中心，在受众面前，先是展开听觉、视觉不同感官传入刺激："由牡丹江开往天津的 152 次直快列车，在一个四等小站戛然停住了，两个中年男子托着一个满脸是血、瘫软昏迷的小男孩，匆匆来到车门前，乘务员把他们接上了车，列车一声长鸣，飞驰而去。"

接着双方多角度同向感受。

下面分析情感的几方面：

小利军的父母抱着失血过多、脸色苍白的孩子，心急火燎——求援——到秦皇岛车站焦急万分——又惊又喜——感激。

再看，值班员立即报告紧急情况，锦州铁路分局调度决定：特殊停车一分钟。秦皇岛车站接到通知，备车接站，立即送往医院；急诊室紧张抢救——得救。经由不同传导途径向神经中枢传入，唤起不同感官的积极活动，这两类情感在各自的起伏递进联系中不断地向一处积累，这里那里伸出援助的手，向一处凝聚排忧解难，终于由单一到复合，再由复合进一步融成一种更深的、被强化了的情感，使播者激动起来。

在播音感情的表达中，使这种情感活动的能量在积累中不断增强，成为皮层上的优势兴奋中心。这时又形成较弱的兴奋点。前者便把自己的能量输送给后者，这种情感便在积累中被凝聚起来强化了，这是属性顺向凝聚强化。凝聚强化的办法也是多种多样，逆向强化也是一种。逆向强化，指强化条件所唤起的情感性质与被强化的情感性质相反，但由于被强化情感的优势地位，与之相反的强化情感不仅没有削弱它，反而对它起到了强化作用。

这是依据了神经过程的互相诱导的规律。这种规律体现在大脑皮质上所发生的兴奋过程与抑制过程之间的相互激励的过程。性质相反的两种情感，当一种情感处于兴奋过程时，另一种情感则往往处于抑制过程。这两种过程并不是截然分开的，倒是经常地有所交替，正因为这样，人们的情感活动才是复杂的。

以前面例举的《草地夜行》看，一方面是红小鬼疲惫地恨不得“在稀泥地上躺一会也好啊”，干粮吃光了，皮带也煮着吃了，空着肚子，继续往前走。后来从军部走回来找掉队小鬼的老红军帮助小鬼把枪扛过去，往前走，一会儿，又落下一大段。老红军不容分说，背起“我”往前走，……老红军被可恶的草地夺去生命这一逆向强化，一下子把感情凝聚到饱和点。红小鬼此时的情绪：着急、悲痛。老红军为了他，牺牲了自己，这种舍生忘死的崇高革命精神激励着他。疲惫还是有增无减，只是内心凝聚了一股力量，使他坚强起来，“我抬起头，透过天边的风雨，透过无边的黑暗，鼓起勇气，迈开大步，向着部队前进的方向走去”。

这就是神经活动的兴奋与抑制过程的“相互诱导”，兴奋过程的激励作用可以使抑制过程加强，抑制过程的激励作用也可以使兴奋过程加强。在这相互诱导中，情感就被强化了，凝聚了。

三．情感的触发

情感经过积累感受强化，被播音员、主持人一步步感受着，思想感情一直在运动着。一方面播音员、主持人要调动起一定的情感经验；另一方面要点燃触发点，感情在积累的基础上，使之燃烧起来。这触发点，必须具有能够引起播音员、主持人创作主体的一定态度，它越是能够唤起创作主体的强烈态度，也就越能够为情感活动提供动力。

齐越教授在播《为了周总理的嘱托》，介绍植棉劳模吴吉昌的事迹这篇通讯时，他说："在备稿时，我想起 1976 年 1 月 8 日早晨，广播中传来周总理逝世的讣告和不祥的哀乐，使我惊呆了，（与吴吉昌当时的反应是相同的）随即闪现两年前我被恢复播音以后，在人民大会堂，在敬爱的周总理身边播读译稿的情景……我万万没想到这竟成最后一次见到总理！我还想起周总理视察广播大楼时握着我的手亲切嘱咐：'一定要用延安精神做好工作！'（注：周总理曾在中南海接见劳模时，握着吴吉昌的手说：要把棉花试验搞成功）。"

齐越同志从自己的经历中调动起一定的情感经验，使他的感情和吴吉昌的感情息息相通，都一样地深切怀念着周总理，永远遵照周总理的嘱咐去工作。与此同时，齐越同志又迅速点燃触发点，把自己摆进去，找差距。齐越说："和吴吉昌相比，我对不起总理对我的关心，我荒废了珍贵的时间，放弃了播音业务的钻研与锻炼，整整 5 年白白过去了！（当时红卫兵把他作为专政对象——牛鬼蛇神被看管）我找到了差距，激发起强烈的愿望：我应当向吴吉昌学习，要让更多的人也向吴吉昌学习。"齐越生前经常说，调动情感的一个秘诀就是："播英雄、学英雄。"把自己与先进人物的事迹做比较，自己不足的，正是人物先进之处，正是自己学习的榜样，有了这种感情就会动心动情。

情感也是一种态度的体验，齐越同志在分析理解稿件中，由表及里，十分注意挖掘先进人物身上的本质特征。表达时，做到想人物所想，急人物所急，恨人物所恨，爱人物所爱，与之同呼吸共命运，从而深深地感染了听众，产生了感情的共鸣。

在凝聚的感情基础上找到触发点，使之燃烧起来，此时的情感状态在生理上和心理上都会表现出明显的激情特征，如心跳的变化、呼吸的变化、肌肉活动的变化等，以及心理活动的高度活跃，注意力高度集中，这就是处于一种激情状态，它能在瞬间爆发出巨大的情感能量。

激情要有特殊的触发条件。一是有刺激强烈的景物、事物；二是情感积聚到足以爆发的强度。

通讯《假如共产党员都像她》介绍河南襄城十里堡乡烈属彭大娘的先进事迹，赞扬她无私奉献的精神。我们分析一下这篇稿件，触发激情的触发点在什么地方？“暖风徐徐吹，阳光金灿灿”，彭翠莲大娘望着丰收在望的麦浪，筹划着秋后给大儿子石奇办喜事，没想到，一纸加急电报使大娘从欢乐的巅峰跌到了悲伤的谷底。儿子在一次意外的施工塌方中，为搭救 3 名战友牺牲了，下面有这样一段描述：“彭大娘迈着沉重的步子来和儿子告别。烈士的遗体是从几吨重的巨石下面撬出来的。彭大娘走上前去俯下身子仔细地端详着儿子，声音低沉地说：‘是我的儿子，这是我的儿子。’”这一段很容易掀起感情的波澜，按习惯播彭大娘的话时可能就让感情宣泄出来，林如在播彭大娘这句话时，没有采用感情放纵的表达方法，没有给人以泣不成声之感，而是浓缩控制感情、控制音量，以控制后惊人的冷静说出了这句话。林如这种控制住自己的感情，很有分寸说出的话，看似没有激情，事实上反而进一步掀起听众感情的波澜，此处为什么不采用宣泄感情的播法呢？请看下面这段话，道出了大娘的思想基础，“团政委紧紧握住彭大娘的手，含着热泪，饱含歉意地说：‘大娘，我们对不住你，你养了一个好儿子。’彭大娘说：‘一条命换了三条命，石奇他死得值得。’”彭大娘对儿子的死的评价，揭示了她的质朴崇高的思想境界，这样的博大胸怀，林如采用浓缩感情与表达的清淡，即感情浓缩的清淡的表达技巧对刻画彭大娘这种刚强无私的内心情感是多么吻合与贴切啊。

“是因为自豪，还是为了宽慰战士们的心，她没有掉一滴泪。”没人的时候，“她用被子蒙住头，浑身抽泣，实在支持不住，下了床，独自到山坳里放声大哭”，这一抑一泄，两相对比，大娘的骨肉亲情与深明大义淋漓尽致地被抒发出来了。

激情、热情及心境的综合调动，必然引起内部体验和外部表现。凡抒情性稿件，多见于高潮处体现激情最真挚、最浓烈。激情，因人而异，齐越同志播人物通讯时激情洋溢，能在瞬间爆发出巨大的情感能量。而林如同志在播《假如共产党员都像她》时也深深打动了听众，许多人跟着彭大娘的心在颤抖在流泪，但林如和齐越的激情的强度和持续时间上有所不同，她的情感能量在整个心灵中弥漫性地流动，心理活动也都染上这种情感色彩，表现形式上没有明显地洋溢激情，却是含蓄，淡淡地播出，可见激情是因人而异，表达样式更是丰富多彩的，要因人因内容制宜。

从列举的例子中，可以看出所具备的两个触发条件了，事实上，感情经过积累、感受、强化过程，实则在凝聚，“蓄之既久，发之愈烈”，情感集中凝聚形成的焦点，已达饱和状态，此时播讲目的也将成为触发点，使其爆发，此时的触发点是容易寻觅的。

情感的焕发过程也通常是指抒情类稿件居多，焕发过程是你中有我，我中有你，积聚、强化、触发互相融合，很难清晰体现阶段性。

附稿 1：《由牛引起的故事》

在辽宁东部山区某高炮旅五营，人们时常可以看到驻地群众的耕牛在营区转来转去。

这天上午，不知是哪家的大黄牛，在来营区闲逛的时候，不慎两只后腿双双掉进了十四连菜窖的通气孔里，不能自拔。

王连长叫人找来了杠子、绳子，又喊来了好几个战士，有的抬、有的拉、有的推……，真是人多力量大，没多大功夫，大黄牛的后腿被拖上来了。

牛虽然被救上来了，但是一只前蹄被误伤。

夕阳下，大黄牛拖着伤蹄，步履艰难，一瘸一拐地出了营门，这时候，驻地村民张某一行五人酒后到营区找牛，恰好在营门口与牛相遇，主人见心爱的大黄牛前蹄带伤，认定是部队有意打伤，马上火了，怒气冲天地向就近的十五连走去。

“乒”的一声，张某一脚踢开炊事班的门，炊事班战士小梁见此情景，先是一怔。接着上前询问，张某不分青红皂白，大声嚷道：“你们赔我的牛！”说完，冲小梁就是一拳。连长赶来以后，张某等五人不由分说，动手就打，连长无故被打，这还了得！闻讯赶来的几个战士和五个村民撕打在一起，幸亏营里干部及时赶来劝阻，双方这才住了手。

“黄牛事件”惊动了旅党委。党委立即组成了调查组，并委派政治部主任看望受伤的村民张某，并且道歉。

对旅党委的做法，一些干部战士想不通。

旅党委认为地方群众到营区找牛，不问青红皂白，动手打人，是不对的。但是，我们的干部战士如果能自觉做到有理让三分，打不还手，骂不还口，事态也不至于发展到这种地步。一些干部战士的情绪和做法，说明我们的一些同志拥政爱民的观念淡薄了，旅党委决定因势利导，结合“黄牛事件”，对部队进行一次深入的拥政爱民教育。

通过讨论，使全旅干部战士增加了遵守群众纪律，爱护群众利益的观念，提高了军队在精神文明建设中要发挥带头作用的观念。旅党委对“黄牛事件”的处理，教育了部队，也感动了地方政府和当事人，为防止牛羊及畜禽到部队糟蹋菜地，附近各乡村都对村民提出了具体要求，并且采取相应的措施，村民张某也主动找到部队领导，诚恳地做了自我批评。

附稿 2：《草地夜行》

茫茫的草海，一眼望不到边。大队人马已经过去了，留下一条踩得稀烂的路，一直伸向远方。

干粮早就吃光了，皮带也煮着吃了。我空着肚子，拖着两条僵硬的腿，一步一挨地向前走着。背上的枪支和子弹就像一座山似的压得我喘不过气来。唉，就是在这稀泥地上躺一会儿也好啊！

迎面走来一个同志，冲着我大嚷："小鬼，你这算什么行军啊！照这样三年也走不到陕北！"

他这样小看人，真把我气坏了。我粗声粗气地回答："别把人看扁了！从大别山走到这儿，少说也走了万儿八千里路。瞧，枪不是还在我肩膀上吗？"

他看了看我，笑了起来，就和我并肩朝前走。他比我高两头，宽宽的肩膀，魁梧的身材，只是脸又黄又瘦，两只眼睛深深地陷了下去。

"小同志，你的老家在哪儿？"他问我。"安徽金寨斑竹园。"

"金寨斑竹园！有名的金寨大暴动，就是从你们那搞起来的。我在那儿卖过帽子。"

一点不错。暴动前，我们村里来过几个卖帽子的人。我记得清清楚楚。爸爸还给我买了一顶，回家来掀开帽里子一看，里面有张小纸条，写着"打倒土豪劣绅"，真想不到，当年卖帽子的同志竟在这里碰上了。

我立刻对他产生了敬佩的感情，就亲热地问他："同志，你在哪部分工作？我怎么从来没有见过你呀？"

"我吗？在军部。现在出来找你们这些掉队的小鬼。"他一边说，一边摘下我的枪，连空干粮袋也摘下去，"咱们得赶快点儿走呀！你看，太阳快落了，天黑以前咱们必须赶上部队，这草地到处是深潭，掉下去可就不能再革命了。”

听了他的话，我快走几步，紧紧地跟着他，但是不一会儿，我又落下了一大段。

他焦急地看看天，又看看我，说：“来吧，我背你走！”我说什么也不同意，这一下他可火了：“别磨了，你想叫咱们俩都丧命吗?”他不容分说，背起我就往前走。

天边的最后一丝光亮也被黑暗吞没了，满天堆起了乌云，不一会儿下起大雨来。我一再请求他放下我，怎么说他也不肯，仍旧一步一滑地背着我向前走。

突然，他的身子猛地往下一沉，“小鬼，快离开我！”他急忙说：“我掉进泥潭里了。”

我心里一惊，不知怎么办好，只觉着自己也随着他往下陷。这时候他用力把我往上一顶，一下子把我甩在一边，大声说：“快离开我，咱们两个不能都牺牲！——要……要记住革命！……”

我使劲伸手去拉他，可是什么也没有抓住。他陷下去了，已经没顶了。

我的心疼得像刀绞一样，眼泪不住地往下流。多么坚强的同志！为了我这样的小鬼，为了革命，他被这可恶的草地夺去了生命！

风，呼呼地刮着，雨哗哗地下着。黑暗笼罩着大地，“要记住革命！”——我想起他牺牲前说的话。对，要记住革命！我抬起头来，透过天边的风雨，透过无边的黑暗，我仿佛看到了一条光明大道，这条大道一直通向遥远的陕北。我鼓起勇气，迈开大步，向着部队前进的方向走去。

附稿3:《爱的凝聚》

2月26日那天下午4点30分，由牡丹江开往天津的152次直快列车，在沈山线上的一个不停车的四等小站——高岭车站戛然停住了。

列车上的行李车门打开以后，两个中年男子托着一个满脸是血、瘫软昏迷的小男孩，匆匆来到车门前，乘务员把他们接上了车，列车一声长鸣，飞驰而去。

这个生命垂危的孩子叫王利军，刚刚七岁，是辽宁省绥中县小蝌蝗村小学学前班的儿童。这天下午两点多钟，小利军和邻居的两个小伙伴正在一个柴禾垛旁边玩耍，被一匹受惊的骡子重重地在脑门上踢了一下。顿时，皮开肉绽，血流不止，昏倒在地上……

一个小时后，小利军被送到了附近的高岭镇医院，医生打开包扎的围巾一看，深深的伤口中，破碎的颅骨隐约可见。医生对孩子的父母说："孩子的伤势很重，这种手术我们这儿做不了，你们得赶紧转院。"孩子的父母心想：离高岭最近的大医院要数秦皇岛医院了。但是，高岭到秦皇岛，没有直达慢车，快车呢，在高岭火车站又不停，怎么去呢?

他们抱着因失血过多脸色苍白、双眼紧闭的小利军，心急火燎地赶到高岭火车站调度室里，请求救援。值班员马永付见此情景，立即抓起直通锦州铁路分局调度所的电话，报告了这个紧急情况。锦州铁路分局调度立即做了决定，同时下达命令给152次直快客车，在高岭火车站特殊停车一分钟。

152次列车载着小利军火速前进，下午5点15分，开进了秦皇岛火车站。

小利军的父亲抱着孩子，急促下了车，在纷乱的人流中，朝地下道口走去。这时候已经是傍晚时分，面对这座陌生的城市、陌生的人群，护送小利军的亲人茫然不知所措，医院在哪儿？怎么走？他们焦急万分！

突然，一位身穿铁路制服的女同志，穿过拥挤的人群，找到他们跟前，问道："同志，你们是从高岭站上车的吧？""是啊！""汽车在检票口外边等着你们哪！快带孩子去医院吧！"

简短、亲切的话语，使小利军的亲人们又惊又喜。

这位女同志是秦皇岛客运值班员孟芙蓉。15分钟之前，她接到山海关车站打来的电话，传达了152次列车的通知：让秦皇岛车站准备好汽车，孩子一到，立即送往医院。孟芙蓉脱不开身，就叫来了服务员杨晓峰，让他陪小利军去了市医院。

在秦皇岛市第一医院的急诊室里，值班医生检查了小利军的伤情，立即决定："马上组织手术抢救！"

医院立即派车接来了脑外科医生杨宗德，这几天，杨大夫接连做了几个大手术，已经疲惫不堪。这天晚上，本想早点休息，但当他接到医院的通知后，立即穿好衣服，赶到了医院。

晚上九点钟，手术开始了。无影灯下，杨大夫用牵开器拉开伤口、仔细观察、伤口长约10厘米，颅骨粉碎性骨折，额骨凹陷两厘米，碎骨压在矢状疸上。这种手术，对于经验比较丰富的杨大夫来说，难度并不算大。但是，他深知矢状疸是向脑半球供血的主要血管，如果手术稍微不慎，被碎骨压破，就会引起脑出血，那后果不堪设想。

经过一个小时十分钟的紧张工作，手术成功了，孩子得救了。

十天以后，一个风和日丽春意融融的下午，小利军拉着爸爸的手，谢过医护人员，蹦蹦跳跳走出了医院。

小利军和他的亲人们，多么想一一去谢那些挽救了他生命的人哪！然而，对于他们中的许多人，他没法子找到，他们挽救了小利军的生命之后，又带着安然的微笑，悄悄地回到了自己的岗位上。在繁忙的调度室，在奔驰的列车上……然而，小利军的心中将永远记住他们。因为，在他的生命中，曾凝聚着他们的爱！

第六章 受众心理研究

“顾客是上帝”，这是外国经商者所供奉的信条。广播电视的传播应该不应该重视受众的作用？随着广播电视的发展，受传者在传播活动中的地位和作用已被提到整个宣传工作的突出位置，这就迫使我们要对受众的接受心理作认真研究与探讨，以期获得最佳的社会效应。

广播电视受众，就是广播电视节目的听众和观众。受众在宣传中所处地位，首先是被动的。他们几乎不能干涉新闻单位宣传什么，不宣传什么。但是受众在宣传中又是主动的，节目不好，他们就关掉机器，不听不看，从这个角度看，受众又是主动与被动的统一体。如果只是强调宣传者的主观愿望，而置受众的要求于不顾，那么，一旦受众由被动升为主动，其宣传效果则等于零。所以要熟悉宣传对象，要重视在收听收视过程中受众的个性心理特征，对受众的不同文化层次与需求及审美态度要进行分析，只有当你了解了受众对所宣传的内容和所反映的情趣与愿望时，你的宣传——播音才更会做到有的放矢。

第一节 受众心理定势

受众的思想反馈和行动反馈是极为珍贵的，他们将通过广播、电视受到感染，得到启发，精神面貌发生变化，对本人、家庭、社会都将起到不可估量的作用。

按照定势说，外部环境和个体需要是决定人的意识和行为的两个基本因素。个体在需要时，会产生一种焦急不安的状态，而当个体进入需要即将得到满足的情境时，他就会形成一种完整的心理状态，这种状态就叫作行为的定势。

定势是一种完整的心理状态，是个体对某种行为作好的一种准备。

生活中交谈的双方如果是兴致勃勃，一方特别想听下去，另一方讲得才会津津有味；若是听的人敷衍不感兴趣，那么说的人也会因扫兴而失去说下去的愿望。为了使人形成某种行为的定势，他应当有一种对这种行为的需要，进入一种相应的情境中。如果播音员、主持人面对镜头或话筒时，没有他想象中的受众，他就不会有播讲的愿望。同样的道理，受众没有期待，也就不会自动视听此节目。

按定势说，在外部因素和内部因素对一个人起作用时，这个人就会形成一种完整的个性状态，一种行为的准备性，它给予这个人随后的心理活动以一定的方向。在人身上产生一定方向的动作定势后，人就会在定势的影响下看待和考虑那些以一定方式同这种定势联系着的现象。定势就能为人对周围环境的适应和按照人的需要改造环境建立心理基础。

播音员、主持人在播讲时应当考虑到听众的社会心理状态，使受众能够接受他所宣传的思想和观点，受其影响，达到预期目的。

一．受众的共性心理定势

（一）了解受众的关切点

受众不会是主动想受教育才收视收听节目，他们多是出于主观需要，如期待着在节目中听到最新消息，看到最快的动态，为了扩展增长知识，或对某方面有浓厚的兴趣，这是广播电视受众的共同心理状态。

新闻工作者的活动是一种社会活动，他们的传播目的离不开收视对象，只有了解熟悉受众的心理需求，才能使传与受沟通起来，为此传者就要有强烈的受众意识，研究受众心理。

举个实例，时间虽然很久了，但说明问题。

1981 年 10 月，胡耀邦在纪念辛亥革命七十周年大会上发表讲话，10 月 9 日新华社播发了 1400 字的消息，10 月 10 日又发表了讲话全文，有几千字的篇幅。

外国记者不可能用这么大篇幅，他们从读者关切度出发，选取报道内容。

美联社记者霍尔斯坦 10 月 9 日发出了 380 字的消息，引用了胡耀邦讲话中这样一部分："以中国共产党负责人的身份，请蒋经国先生以及台湾各界人士来大陆和故乡看看（这样短的消息中还加上描写）。胡是在中国革命家孙逸仙的像下讲这番话的。副主席邓小平坐在胡的旁边。在这位党的领导人发表 40 分钟讲话的时候，邓小平抽着烟。"

当然，我们的国情不同，报道的角度、着眼点不同，但是他们的报道牢牢扣住受众的关切点却是值得我们学习的。

我们的新闻经过长期的探索，锐意改革，迈出了可喜的步伐。像《焦点访谈》、《新闻调查》受到广大观众的好评，收视率排在全国前几名。

这些栏目之所以受欢迎是因为栏目的容量大，有深度，对当前的新闻热点和广大观众所关注的重大事件、社会现象进行了深入、全面的调查分析，提供了客观、系统、权威的信息。

1998年夏季，长江、哈尔滨遭到了百年不遇的洪涝灾害。汛情的发展牵动了亿万人的心。从各方调集来的解放军日夜奋战在大堤上，新闻媒体迅速派出战斗队，分赴各个抗洪战场。江主席、朱总理纷纷来到抗洪第一线，带去党中央的关怀与慰问。《保卫荆江》、《保卫哈尔滨》、《长江第六次洪峰》一个个扣人心弦的报道，及时与广大观众见面了。人民群众的心维系着灾区，从早晨就打开收音机、电视机：早间新闻、新闻30分、新闻联播、早报摘等等，连制作周期较长的“焦点访谈”、“新闻调查”都及时地向人们详尽地报道了抗洪情况，比新闻更细致、深入，对群众悬着的心不能不说是个慰籍。广大群众纷纷捐款、捐物，向灾区人民伸出援助的手，邮局免费向灾区汇款，铁路部门优先调拨抗洪物资为其一路开绿灯，又有多少志愿者到中华积金会为捐赠物资打包装运……真是举国上下、万众一心，拧成一股劲儿，一切为了抗洪赈灾，新闻媒体的连续报道，前方后方赈灾的一桩桩感人肺腑的事迹在人们心中激荡。“还是社会主义好”，灾情面前，全国总动员，一个号令，万众一心，中华民族显示出空前的凝聚力！这一时期的报道最大地满足了受众的期待心理，深受观众的欢迎。

（二）与受众心心相印

以新闻节目为例，一般新闻节目在广播电视中占的比重最大，视听率最高，且服务面最广，在受众视听的设想上要比其他专题节目笼统。拿中央人民广播电台的《新闻和报纸摘要》节目来说，它的听众是全国人民和各级干部，听众如此广泛，是不是谁在听，就播给谁听不用设想受众呢？不是的，盲目播讲则导致播音的空泛，无目的性，也就无愿望可言。那么播讲者一定要设想听众，此节目设想的受众，不宜具体细致，可设想成全国各级干部、群众，尽管他们的年龄、职业不同，文化层次不同，收视目的不同，但有一点是共同的，即共同的期待心理，希望得到新的动态、信息、知识、精神。当播音员、主持人备完稿，还需要拿出很短时间思考一下：这样的内容播给哪些受众最易引起反应，一想到此，就会激发播讲的热情，一吐为快。像大兴安岭扑灭森林大火；全国人民慰问灾区人民送衣被送温暖、奥运会比赛战况……这些报道同受众的心紧紧相连，受众期待着事态的进展，传播者只有在了解受众的心理、特征、要求，才能播出新闻的新鲜感，郑重、清新、明快的播读给人以力量以鼓舞。“早报摘”的播音节奏与清晨的振奋昂扬与忙碌应是协调合拍的。

又如晚上电视新闻联播节目，因为有画面或提示性字幕，一般受众更喜欢比早报摘的速度要快些，因为是坐在电视机前收看，从播讲的音量上较比电台要收着点，语气干净利索，语流明快就行。虽然传者与受者间的距离跟其他节目相等，但从接收心理讲，观众认为在收看党和政府发布的新闻，所以播读采用郑重规整、仪态端庄含蓄的风格要比“小音量、近话筒”的交谈式和活泼、富于表情的播音更能为人们所信赖。尽管有人批评播音员、主持人报告新闻正襟危坐过于呆板，但更多的受众却接受了这种播音风格，认为这样客观传达政府方针政策让人信服。遇有重大新闻，这种语言样式的播读更显示出语言功力和内蕴丰富的特色。

像《凤凰早班车》的新闻也很有受众，想听听不同渠道的反映、说法，对鲁豫的活泼、贴近受众的轻松地说新闻也很欣赏。

广播、电视传媒中开设的各种栏目，都是为了满足不同年龄、不同职业、不同文化层次、收视目的不同的广大受众的期待、新奇、得益、求知等心理的，所有这些都激励着传者，与受众的种种心理相适应，拉近距离，做到有的放矢。

当然，受众的期待心理，会因不同的历史时期、不同的社会环境而有不同的反应。

二．受众的特性心理定势

广播电视受众除共性心理外，还有特性心理及其个性特征。这就要：

(一) 特定受众的收听、收视心理

依节目的范围和办节目宗旨去分析。

比如专题节目在对受众的设想上要比新闻节目细致具体得多，做到熟知对象特性心理，站在对方立场上，适应他们的需求，才能够拉近与受众之间的距离，达到预期的宣传目的与效果。以《青年节目》为例，青年的意识、生活是开放的，用一种好奇审视、批判眼光看世界，又能接收新知识、信息，对青年播讲，要考虑其心态、受教育程度、知识素养，有责任对其道德标准、观念、审美情趣、价值观施加正面影响。若用说教式、灌输式，青年人就不买账了。宣传必须适应新时期青年的心理特征，从他们关心的生活、学习、婚恋、处事等方面的问题入手，不迁就，不迎合，寓情于理，平等亲切、感情真挚地交流探索，娓娓谈心才能加深与青年人之间的互相理解，相互信赖，在潜移默化中渗透。

又如《残疾人生活》节目是对象性很强的专题节目。如何使占我国人口近百分之五的残疾人跟上社会发展的步伐，使他们能过上较好的生活，是摆在我们面前的一项重要任务。要使残疾人喜爱这个节目，就必须要反映残疾人最关心的问题，想他们所想，急他们所急，给他们之所需。然而他们的困难要求都非常具体实际也合理，在一些具体问题上帮不了忙，就用此节目充分发挥新闻舆论的优势，尽可能地为残疾人解除些痛苦和疑虑。

《残疾人生活》节目既有面向社会的广泛性，又有时刻不忘为残疾人服务的针对性。《残疾人生活》的主人是残疾人，办此节目的宗旨以反映残疾人为主，反映他们就业、教育、康复、婚姻等方面的苦与乐，喜与忧，展现残疾人奋进不息、残而不废的胸怀和自尊、自信、自强、自立的精神风貌，并为残疾人之间，以及和健康人之间交流思想、沟通情感，寻求理解、增进友谊架起桥梁。

再剖析中央电视台《实话实说》。

《实话实说》栏目的总制片人时间说："本谈话节目的根本冲动就是尊重人，尊重人的办法就是让人说话。"

栏目开办之初，在选择嘉宾上，由开始的"明星"故意调侃，不说实话，不是真诚地与观众交流，到后来选择嘉宾注意在现场中筛选那些语言表达能力强、率直，能把生活中生动活泼的谈话带到节目里，成为节目的闪光点。

这种谈话的形式，需要观众与观众之间的交流，主持人与观众、嘉宾之间的交流，从中展示人的个性、折射出整个社会的状态，使节目充满了人情味儿。

而崔永元这样的主持人是《实话实说》制片人在确定节目定位时的正确选择。

能不能启发大家发言，这是一个引导的艺术，能使现场观众交流、交锋、崔永元善于调动现场气氛，抓住观众在说实话说大白话当中的一些出彩的地方，形成全场的活跃因素，他驾驭话题、组织讨论的能力极强，对偏于"感性"的观众的发言能"提纯"、"概括"；对"抽象"的发言，又加以"稀释"而不失幽默机智风格，充分发挥了主持人在节目中的激活、引导、调节的作用。崔永元的表现和节目定位、宗旨是很吻合的，这个栏目赢得了受众的青睐，收视率很高。这与准确把握受众的特性心理分不开。

像常办不衰的"少儿节目"就因为有特色，节目定位好，才能永葆“青春”。

（二）特定受众的环境特点

环境包括自然环境和社会环境。

中国地域辽阔，南北地域之间的受众有很大的差异，同是大城市，北京的受众和上海的受众也有差异，这些差异有经济因素、自然条件的不同，更多的是传统、历史、文化的印记造成的。

如上海人很精明讲实惠，接受新事物快，思维敏捷、富有竞争力，在欣赏节目上更喜欢活跃创新的内容和反映市井生活的节目。而北京人生活在首都、是政治、文化的中心、传统文化给北京市民以很深影响，北京人关心政治、关心国内外大事，喜欢民族特色浓郁的，特别是表现老北京特色的节目，另外这里文化氛围浓厚、人才云集，欣赏品味高雅、严肃。外地人听了北京热线反映说：北京听众品味就是高，透着文化。

再比如同是农村，经济政治情况差不多而由于传统文化、欣赏习惯造成的不同影响，使之欣赏趣味也很不相同。像广州郊区的农民由于受港台等影响、欣赏趣味更商业化。包括演员的台风都如此，而北京郊区的农民则更传统些。

在我国城乡受众的差异是很突出的，首先表现在文化素质上的差异。我国全民的文化素质与发达国家比是低的，特别是边远农村、山区，连小学教育都没有普及，文盲、半文盲占的比例是惊人的，而城市的文化素质要比农村高得多，而农村则差些，而西北、西南偏僻山区更甚，连电视都未普及。从文化娱乐的丰富性上城市又比农村丰富得多，所有这些决定了城市受众对节目质量要求更高，拿收视率来看，新闻类节目，时政类栏目、焦点访谈、东方之子、实话实说、新闻调查等城市受众的收视率要高于农村、城市知识分子阶层要高于普通市民。对重大新闻的电视收视率又高于其他媒体，如海湾战争爆发的消息，城市观众从电视获得信息者为57.1%，报纸为21.5%，无线电广播为11.8%、农村观众从电视获得者为51.5%，报纸为9%，无线电广播为2.5%，电视在三大媒介中占绝对优势。

（三）特定受众的类型分析

不同年龄的受众，收听收视也有着各自的心理差异。比如男性喜欢粗犷、刺激性强的节目如体育类、竞技类和武打类节目；女性感情细腻喜欢看有人情味，情节曲折的电视剧或生活服务类，时装表演类节目。老年人在家时间多，看电视消遣娱乐居多，他们喜欢平和的、节奏不太快的节目，还喜欢忆旧、回顾。中年人家务负担重，尤其是女同志在劳动之余，喜欢看生活真谛、指点迷津的节目。

儿童是一支最活跃、热情、忠实的受众。电视对他们是影响最大的传播媒介。中国社科院新闻所于1992年1月进行了一次《小学生电视传播调查问卷》显示，电视对儿童择业的影响最大，占调查儿童总数的36.7%，220人次。小学生所选择的职业按人数排列顺序为：占第一位的是“文艺工作者”，这主要是电视上歌星、影星的影响（而被调查的对象父母大部分是工人），儿童的心理特征：喜欢新颖、奇特的形象和内容，节奏快、跳跃性强、内容生动活泼的节目。

文化素质较高的受众喜欢新闻联播、焦点访谈、新闻调查等节目，而文化素质属中档的大多数受众也爱看新闻联播，要求信息的通俗易懂，追求新鲜、新奇等。

另外可以依稿件主题、目的对受众进行设想。在具体稿件的主题、目的中开掘，给什么样受众听最能收到效果。以《偏食袋》稿为例，节目确定了在《军事生活》节目中播，仅此还不够，还要对稿件进行深入挖掘。一方面掌握稿件的主题、作者意图、观点、当前播的现实意义，另方面要分析估量在军中播给哪些对象最适宜？播给作者吗？显然不合适。播给苦练军事技术的战士听吗？也不是，因为这样设想，播讲者就会产生自愧不如，引发不出播讲的愿望，若是设想播给那些想提高技术而又找不到途径的战士听，《偏食袋》精神才能引起反响，收到预期效果。当然，广播时受众收听是不受限制的，也许别的人也听了，从中受到教益，这是可能的，正如许多成年人也喜欢听少儿节目一样。播者对受众进行设想，毫不排斥设想的受众以外人的收听，播者所设想的受众也可能不在你的听众之中，这没有关系，因为设想的目的在于激发播讲者的播讲愿望，真真切切感到播讲的必要性和迫切性，才能激发播讲愿望，所以引发播讲的强烈愿望是设想受众的根本目的。

第二节　播音、主持对受众的诱导效应

一．正面诱导

受众中不全是期待接受的心理定势，这种情况下应该通过宣传工作改变他们的立场。这时传播的成功与否要用播音员的立场和受众的立场之间的差别的缩小程度来衡量。传者的影响效应越大，受众对所宣传的问题的立场就靠得越近。如陈景润出访美国期间，社会上谣言四起，说什么陈在美国要求政治避难，不回来了……等等。一时间谣传沸沸扬扬，电台的早报摘节目里播了一条消息：陈景润同志在美国访问期间，利用空余时间到美国图书馆去查阅资料。消息不长，一经播出，谣言不攻自破，此后再没有这方面的流言蜚语了。可见正面引导的作用。又如美国貌似公允地攻击中国不讲人权，一时间蒙蔽了一些人，但美国轰炸我驻南斯拉夫大使馆的行径，使许多中国人擦亮了眼睛，认清了口口声声讲人权的美国实际上是最不讲人权的，强权政治，事实胜于

雄辩，正反两相对照，原来对美国抱有幻想的一些大学生，再不信美国的所谓“人权”了，开始思考，一定要富国强民，学习更加勤奋。

二．实事求是

新华社北京1992年1月9日电，航空航天部部长就新近卫星火箭发射故障一事对记者说：“我们完全有能力防止故障再次发生。”

这条消息发布之前，人们都知道我国1992年内承接了三颗国外卫星的发射任务，面对这一故障，舆论会怎样？我外交部对这次故障采取了实事求是的态度。如实报道了此事。当记者问到这次故障对1992年内我国预定发射的三颗国外卫星有何影响时，两位部长说：“在技术上没有任何影响。因为发射卫星采用的将是长征三号运载火箭，与发生故障的火箭不是一个类型。当然航天系统会通过这件事更加重视质量，真正做到稳妥可靠、万无一失。”

这条消息面对纷起的舆论，实事求是地对此事表明态度、信心，争取和引导了舆论向一定方向指向。

这即是用心理学有关定势改变规律的认识，进行诱导指向。

播音时，不能就事论事，须了解文化背景、深入开掘字里行间的言外之意，弦外之音，有了明确的目的，播音时自然会分寸恰当，晓之以情、动之以理，让受众心悦诚服地接受诱导。

三．诱导欣赏趣味

舆论传媒与受众的关系，历来有截然相反的两种态度，一种是一味追求收视率，不惜讨宠献媚，迎合受众使诱导变得低俗化；另一种是站得高、看得远，积极诱导，提高受众的欣赏情趣和品味。

1995年在中学生中有一些如醉如痴迷恋外包装漂亮的港台歌星，形成“追星族”，这与我们的传媒过量地宣传歌星不无关系，这些歌星有他们的特点，但不能因为群众喜欢就一阵风地一哄而起宣传，文艺欣赏还负有普及提高任务，像新年转播的维也纳音乐会就反映了整个民族的音乐品味。还有像1999年新年在北京音乐厅举办的《中国唐宋名篇音乐朗诵会》一曲曲荡气回肠的千古绝唱，开启着一次次美的历程，此活动在北京引起强烈反响，使其欣赏品味向高雅迈进。

第三节　受众中的知觉偏见

一．威信分析

据说美国电视网新闻节目主持人丹·拉瑟在当今美国是口才最好，老练成熟，穿着素雅大方，没有庸俗的富贵气，举止庄重，风度最佳的一流新闻节目主持人，他报道分析解释新闻的能力是他获得成功的主要原因，在新闻报道中很有威望，凡是经他口播出的内容往往会收到身价百倍的效益。他的年薪是2百万美元，创美国新闻史上最高纪录，所以美国广告界也不惜出重金聘请他为公司作广告，虽然出了一些“血”，广告收入还是盈利。这一现象说明人们对权威过分尊敬与服从心理。人们自有“亲其师，信其道”的习惯，宣传者本身威信高则其宣传效果就好，宣传者威信不高则其宣传效果差。

威信，即“声威信誉”，众所共仰的声望威信有两方面内容，即专业性和可信性。

专业性因素指播讲者的专业水平是训练有素的，经验丰富、知识渊博、技巧娴熟可称此方面的专家。

可信性因素指播讲者的人格特征，外表仪态，对人诚恳与否，对事公正与否，播讲时精力充沛，还是疲倦乏力；语调坚定，还是语调平淡软弱；是幽默自信，还是胆怯被动等等……

总之人们需要有权威的、有声望的人来扩大威信对人们的影响力。如果受众自己认为播音员、主持人有这样一种特性，其播音就能获得较强的影响力。

播音员、主持人的形象欠端庄稳重，气浅声浮，言语没分量，就容易引起受众的反感。尤其是播者的为人品质要高尚，作为一个人，人们不单看他在电视上的言谈举止如何，也要看他在日常工作、生活中其人品如何。人品不好的宣传员，既不能代表一个新闻机构，也不会受到观众的信赖。宣传者的品质修养欠佳，作风有问题，那么他或她就会失去其在受众中的威信，受众一般都会不由自主地迅速接受他们所爱戴的播讲者所宣传的观点。同时也会不由自主地以批判态度对待他们不喜欢甚至讨厌的播音员、主持人所播讲的内容。

二．第一印象不可忽视

两个素不相识的人第一次见面所形成的印象称为第一印象。在广播电视中传播者给受众留下的第一印象也不容忽视。第一印象主要是获得对方的表情、姿态、身材、仪表、年龄、服装等方面的印象，这种初次的印象在对人认知中发生一定的作用，它往往是以后交往的依据。

从事电视播音和主持的传播者的修养中仪态素质也是个重要方面。仪态对于传播者司职以及建立人际或群际关系有着奇妙作用。仪表素质关系到传播者自身形象，为自身发挥作用创造条件，形成吸引力和亲近感，他可以使受方产生某种感应，产生合作的愿望，因此仪表素质也是传播者的修养之一（其他修养见另章）。

仪表素质体现着内在的品格，是自尊、自重、自我完善的一个重要方面，是传播者自身风格见诸行为风度、仪表的表现。仪表也包含着他在群体中的活力。这活力体现在他对人的礼貌、尊重、友好、平等、感官愉悦方面，所以要注意仪态素质，树立美好印象。

第一印象的作用往往先入为主，形成一种固定的看法。

有人给两个学生测试了若干道数学题，其中学生甲前半部分题都做对了，后半部分题做错了；学生乙前半部分题都做错了，后半部分题都做对了。两人对错题数目相等，可是给人印象是学生甲比学生乙对题率高，这就是第一印象先入为主起的作用。讲课也是同样道理，第一、二节课的效果好坏很关键，前面课讲得很精彩，即使中间部分稍逊色点，也比前面效果不好，后面渐渐好起来的讲课效果要好，因为第一印象会先入为主影响着后面的认识，此说法绝不是让人们取巧，只重头不重尾，其实结尾也很有学问，这里是让人们学会讲课的艺术，把富有感染力的部分调到前面讲效果会更好。

如果环境、条件不允许修正第一印象，那将留有很多遗憾。比如广播伊始，电视的开头如果不能引起受众的兴致，受众就可能改换频道、频率或关机器。鉴于此特点，从事广播电视工作的人千万不能忽视第一印象的作用，要很好发挥其特点为我所用。

第一印象固然重要，但也不是不可改变的，冲破这种刻板印象必须经过不断交往，才能修正刻板印象所造成的“余像”。比如中央电视台播音员、主持人邢质斌长得不漂亮，但经过长时间交往，观众对其形象条件不再挑剔，而是被其颇有功底的语言功力所感染。日复一日，观众由印象一般到就欣赏这明快、干净利索的播音风格，有些受众还亲切地称她为“小钢炮”，言语间流露着对这位播音员的喜欢与信任。此例是在说明从事电视工作的同志要重视形象仪表的作用，但更要重视语言的基本功。

三．偏见、逆反心理

偏见，是个人对他人或其他团体持有的缺乏充分事实根据的态度。偏见的特征是偏见认知成分，就是刻板印象，偏见含有先入为主的判断。

宣传上的生硬命令，只会引起心理上的抵抗，当某些人有意识有步骤地企图强使别人接受某些不能同意的原则时，随着这种活动的强化，人们自己会对这些原则感到越来越不能接受，因而也就越来越加强他们对这些原则的否定态度，心理上的抵抗是个人感觉到某些方面享有自由行动的权利被剥夺，自身激发出的一种动机状态，目的是想确保行动的自由。这也是传者与受者的距离太远所致。另外好奇心的驱使往往产生了与宣传意图相反的效果。例如愈禁止看的，却愈易流传；报刊上点名批判某部小说，反而使一些人产生更想看看这部小说的念头。有些广告假借“儿童不宜”故弄玄虚，上座率反而高，这就是收视中的逆反心理，需加以注意。受众的消受心理一经成熟，再不会上当，骗过一时但骗不了一世，造成反感就会失去受众。主持人在主持节目时，本应激情适度，他（她）却不加控制地任其宣泄；播音员在表达时，故弄玄虚，卖弄技巧，声音高高低低为变化而变化，所有这些都容易造成受众的反感，影响受众的收听收视效果。逆反心理往往是传播者本身及传播内容、方式不当而触发的。还有报道的失实，不真实最容易激起受众心理上的反感。了解了上述情况，宣传就要引导，避免不良倾向的出现。要力求宣传客观、真实、全面，注意分寸，让受众参与，平等对话，拉近与受众的距离。

第七章 传者与受众之间的沟通

播音创造和受众接收是个反馈的循环系统，传者尊重受众是宣传的宗旨所定，也是宣传自身的内在要求，离开了受众，宣传就失去了存在的价值与发展的动力。受众的能动作用表现在其产生的评价和舆论具有推动宣传改革的功能。既然传者与受众是双向反馈的循环运动，就必须加深双向心理研究。作为传者播音创作主体只有具备熟知和理解受众的层次水平和期待要求，才能使播音有的放矢，同时受众的期待、好评、意见和建议可调整、完善播音创作，而好的播音创作又可陶冶、影响、改变受众的趣味与需求。两者在推动促进宣传事业的发展中互为依存。

第一节 受众心理对播音员、主持人的影响

一．受众热心期待是创作的动力

中央台播音员、主持人虹云曾接到大量听众观众的来信，她说：“我被热情的来信感染激励着，到了镜头前真地把镜头当成了观众，心理状态就好，因为我全身心地热爱听众、观众。”

正因为虹云同志深深懂得受众热诚期待的心，才能不断改革

完善播音技巧，向个性化风格迈进，使她在《午间半小时》节目播音时，针对受众的期待心理，探讨出用小音量、近话筒的谈话式播音。许多听众在饭桌前自然地边听边吃，此时传者似乎与每个家庭的听众融为一体，好像也变成了餐桌上不可缺少的一员。这个节目自开办以来，确实调动起了听众的兴趣，收到了极好的反馈效果。

受众的热心期待给传者以激励，使传者能想受众所想，急受众所急，了解受众的心理、兴趣、需要、要求，使播讲更具有真诚性、情感性、全身心投入，与受众间的沟通感代替了冷漠感，抓住了受众的注意力，引起共鸣，起到激励鼓舞作用。

观众的期待，是传者播讲的动力。又如 1998 年 11 月 15 日中央电视台第一套节目在 9 点 20 分现场直播：98 珠海国际航空展开幕式。

白岩松担任现场解说与主持，他根据观众需求，先向人们介绍了这次航空展开幕式举行的地点——珠海机场。因为飞机起落密度不是很大，在这里举行开幕式，并不会影响机场的正常运行。

接下来穿插背景介绍（资料运用）："我国举行航空展还是第一次，在国际上还算小弟弟，法国在我们之前，已经举行了 90 多次了……"使观众在等待开幕的间隙增长了知识。

白："98 条彩带已经陆续接近了地面"，"飞机上两名跳伞运动员陈莉和吴利红分别展示着中国国旗和航空展会旗在空中飘舞，并准确到达预定地点，他们真不愧为跳伞冠军。"白岩松边看边说，现场感强，并且还插入"现在隐隐约约能听到观众的谈话声"，"平日严肃的珠海机场，今天就象迎接盛大节目，实际上就是在欢庆盛开的国际航空展开幕式。"（改口改得快，灵活！一般听不出来）

白："特技表演是承受着风险的表演。大家都有体会普通人在乘坐过山车时仅几分钟的上下翻飞运行，已经是胆战心惊了，特技飞行员要在天空做出比这要惊险数十位的高难动作，其惊险程度就可想而知了。比如俄罗斯空中勇士，前苏联飞行员在法国巴黎做飞行表演时，飞机右擎发生故障，他沉着冷静地驾驶飞机，飞离人群稠密的地方才跳伞，就在他离开飞机仅两秒，飞机爆炸坠毁，他成为人们传颂的传奇式人物。”

这些介绍，使等待开幕式开始的观众听得津津有味儿。

被邀请来作嘉宾的原中国空军副司令员林虎将军又插播介绍了如何看飞行表演，表演分三类：一类是机组编队，配合一致，这是礼仪性表演。另一类飞机性能表演。还有一类是飞行员技巧表演（看飞行员胆量、技巧）。

这些介绍，对如何观看是一个很好的指导，让人增长了必要的知识与见识。白岩松一边跟林虎同志聊着，一边从耳机中听着主席台上的动静……当林虎正说着，白岩松说：“好了，将军！现在开幕式即将开始，李鹏走进飞行现场主席台”……导入开幕式。珠海市委书记、市长黄龙云致开幕词……

当飞行表演开始时，林虎将军技术上内行，白岩松与之配合，衔接很机智，如：

林虎：表演要在观众的视线之内。

白：表演也要在摄像机的视野范围内，中央电视台为了这次报道在珠海架了19个机位，从不同角度拍摄表演。

当画面摇出站在山顶上的观众时，白岩松马上接了一句“看来他们是省下了二百多元门票的观众！”受众会心地笑了。

林虎：“飞行员做了个180度翻飞”。

白：“倒飞”，飞行员的头是顶在仓盖上。

林：承载的是负荷，时间不能长。

……

历时两个半小时的现场直播，引人入胜，白岩松的主持是机敏、睿智的。

要使受众鲜明地感觉到播音员、主持人所报道的是他们所关心的、感兴趣的、最新鲜的事实，传播者就要有敏锐的新闻敏感，掌握动态，明确针对性，抓准反映时代的新鲜气息，尤其要感受到每条消息的新点在何处，如事件本身新、政策新、角度新、动向新等等这些新点恰恰是这些消息的价值所在，把握好点，就容易捕捉新，以新夺人。例如："目前，在中小学生中出现了一股不好的攀比之风。小学生比谁有了变形金刚玩具，中学生比谁穿了'耐克'、'狼牌'高级运动鞋。上海市某中学抽样调查，初中一年级中，有5.4%的学生佩戴有金项链或金戒指。学校担心，这种辐射波会影响其他学生。

"如何在中学生中树立正确的攀比观念，这是加强中小学生思想教育的一个重要课题。在学校中，学生如果不能在学习成绩、思想品德的攀比上蔚然成风，而在比谁有高级玩具、高级运动鞋、金银首饰上形成风气，那么，就意味着学校的思想教育工作没有做好。"

这条消息以中小学生攀比什么这一新苗头提出问题。指出在中小学生中树立正确的攀比观念是思想教育的重要课题。新苗头若不正确引导，等形成风气再做工作就晚了。感受到新苗头对学生的危害，一种责任感驱使着不谈不快，但播音时又不要主观色彩太浓太过，让受众反感。宣传就是讲策略，度要掌握好，才会取得最佳效果，耐心疏导比生硬指责好。

又例如《世界新公害——电脑病毒》：

"据新华社讯　3月6日，一种称作'米开朗琪罗'的新型计算机病毒将在世界范围内发作，大约500万台计算机可能遭到它的袭击，许多计算机用户苦心经营的各种数据可能化为乌有。祸不单行，一周以后，'黑色星期五'计算机病毒将再度兴风作浪。据统计，目前已发现的计算机病毒达1000多种，它们使得全世界的计算机用户们应接不暇，叫苦连天。

“计算机病毒是一种特殊编制的计算机程序，能搅乱、改变或摧毁计算机中的软件，轻则给计算机用户们开个玩笑，重则使整个计算机网络瘫痪，将用户们的心血付诸东流。计算机病毒的传染性极强，只要你们的计算机同其他计算机联网，或者使用新的软件，计算机病毒就可能不知不觉地到你的计算机中安家落户，等待时机给你捣乱一通。

“在意大利艺术大师米开朗琪罗生日 3 月 6 日发作的‘米开朗琪罗’计算机病毒被认为是危害性最大的计算机病毒之一，它是一种专门为了彻底破坏计算机存储系统而设计的病毒。据统计，它的这次发作将造成直接损失约 3 亿美元。这种病毒传播速度极快，去年 4 月人们首次在瑞典和荷兰发现它的存在，如今它已几乎遍及全世界。”

《明天，电脑病毒会袭击北京吗?》

本报讯“3 月 6 日，小心电脑‘中毒’！新闻媒介已把这一信息迅速传播开来。3 月 6 日，即明天，这种病毒会袭击北京吗？有什么‘解毒’办法吗？为此，我们请市公安局计算机安全监察处的欧阳昌明同志对这些问题进行了解答。

“他说，最近，在以 DOS 为操作系统的微机上感染了一种称为‘米开朗琪罗’的计算机病毒，严重影响计算机系统的正常运行，甚至摧毁整个计算机系统，给用户造成了难以弥补的损失。经公安局计算机安全监察部门的技术人员对‘米氏’病毒进行分析、解剖，确认该病毒为引导型病毒，当满足 3 月 6 日的逻辑条件时，病毒激发，摧毁 DOS 系统。市公安局计算机安全监察部门希望广大计算机用户加强管理，提高安全意识，建立健全计算机安全管理制度，确保计算机信息系统的安全运行，如不慎感染了‘米氏’病毒，可用公安部下发的 35．0 以上版本号清除软件进行清除。”

这种新闻，既向受众传播新闻，又向他们提供知识。这种新闻要捕捉一个新字、传达新意、以新夺人，自然就会受到人们的欢迎。知识能产生力量，任何客观事物都有它自己发生、发展的规律。人的行为违反了这些规律，就会导致失败甚至造成灾难；顺应了这些规律，就会取得成功。求知求新的需要，实际上是人类创造发明的前导。

可见，受众的各种心理需求，是创作的动力，一想到这些需求，传者就能，孜孜不倦地求索总结出各种经验以适应受众的各种需求。可见受众的热心期待，是创作的动力。

二．受众需求具有引导传者调整创作内容、形式的功能

受众通过各种渠道方式，把自己的意见反映到电台、电视台，提出要求建议或批评与表扬，这种种反映就是受众对广播、电视的评价和反馈。目前，传媒都有通联队伍专门从事收集电视、广播反馈工作、调查其对各栏目的反应，根据他们的需求来调整、改进内容、形式，使栏目办得让人更加喜闻乐见、乐听。如中央台的《今晚八点半》，他们根据受众的需求不断调整栏目，现改成《星空无限》，其中既有与听众交流的《星空对话》，又有信息动态报道《星空晚报》，《金曲航线》播放古典的、民族的高雅音乐，使受众群提高了欣赏品味，得到满足。这个栏目还包涵着传递亲情、友情、爱情的《爱心无限》。总之，改革使原《今晚八点半》的内容、形式向更深广层次迈进了，以适应品味不断提高的受众的需求。

中央电视台原来的《为您服务》、《观察与思考》栏目确实火过，但随着受众需求品味不断提高，栏目的内容与定位在不断调整，像《东方时空》、《实话实说》、《焦点访谈》、《新闻调查》

……等栏目越来越多，节目质量越来越精，适应了受众需求，越办越富于生命力。1998年抗洪报道中的《新闻调查》在新闻主战场展开快速深度报道，其中《保卫荆江》，全国收视率排名第六，再一次刷新了《新闻调查》的收视记录，近期《焦点访谈》加大了力度，打击偷、漏税、反腐倡廉，信息新鲜感强，有力度，看的人多，议论多，《焦》起到了舆论监督的作用，取得了良好的效果。

现代传媒比以往更加重视受众调查成果的应用，决定在《新闻联播》之后，播放较好的文艺节目，一些对象性强的专题放到稍晚或白天播出，根据收视率调整了播出时间，这样编排的方式受到大多数观众的欢迎。

关于受众调查，国外由于竞争激烈，对受众调查比我们好，我国在这方面起步晚，方法简单，但后来者居上，借鉴他国的科研成果少走弯路，过去的调查只涉及受众兴趣、爱好，情感等描述性分析，现在有受众态度量表，还有各个专题的态度量表，不仅对态度分析还对影响态度的各种因素进行多元统计分析，为研究受众心理提供了丰富的数据。

过去对受众调查只是意见、态度的问卷设计，现在调查扩展到“社会交流对受众接受心理影响”、“影响受众收看兴趣的若干因素”，从中可见对观众心理反应和规律的调查由浅入深，由窄到宽的变化。北京广播学院柯惠新博士采用线性结构方程式模型的方法，对观众态度因果关系模型研究首次建立了广播电视传播效果的定量模型，填补了我国传播学领域的空白。

三、对不同受众要调整表达方式

如中央人民广播电台的《小喇叭》节目的对象是学龄前儿童，他们还没上学，不识字，可是渴望知道世界上一切新鲜有趣的事。孙敬修——“孙爷爷”的播讲最大特点是自然口语化，有稿像无稿似地，每次播讲都把话筒当成小朋友，讲的事清楚，小朋友一听就懂，如："汁、液可以喝"他就改成"用小刀一割变成水了"，而不会误以为"枝叶可以喝"。播讲中自然流露着爷爷对孙子的爱抚、关切、启发的口吻。与小朋友的呼应，多运用重音，使语意表达更明白清楚，适合小朋友接受的表达方式，唤起了几代人的童心。他的亲切来自他的为人。他尤其爱孩子，爱他的听众，他给所有写信的孩子复信，邮票自费。听众想念北京，他在天安门折松枝给寄去，后来这位听众成了医生——孩子的妈妈，领着孩子到北京来看望他。

而《农村节目》又有自己的特点。播音员采用站在农民当中，同农民直接谈心，把听众放在平等的地位，多用商量、建议的口吻。通俗口语，讲政策时也多采用"对话"、"说新闻"等新形式，把道理"磨细"、"化开"讲清说透，让农民听得清、听得懂、喜欢听。

就是在同一对象节目中语境不同也会制约表达的不同。

如播怀念周总理的文章，如果在周总理刚刚逝去的日子里播，那就应以沉痛哀悼为主基调。若在今日播，则应以继承遗志，发扬其精神为主。

广播只能借助有声语言来表达，所以要调整表达方式。

如过去对台湾广播播音员是采取盛气凌人居高临下的态度播讲。后来收到台湾听众反映："共产党的播音小姐这么凶，我如果回大陆天天这样受训斥，那可受不了。"自十一届三中全会以来，对台广播的《空中之友》，采纳了台湾听众反馈来的意见。创作班子以徐曼小姐的口吻来编写稿件，徐曼同志又注意发挥自己嗓音柔美甜润的优势，加上多年基本功练就的气息支撑，使声音在运用上柔而不媚，轻而不嗲，既亲切诚挚又彬彬有礼，给听众以美的享受。

在宣传朱伯儒的事迹时，铁城和雅坤拿到稿件边看边流泪，像朱伯儒这样的党员太值得歌颂，他的事点点滴滴，不是壮举，但让人动情。他们认为朱伯儒是默默无闻朴实无华地做着这一切。宣传他，在语言表达上也应采用质朴含蓄，不要过于渲染，让受众在不知不觉中，从事实中受到启发，得出结论，播音员、主持人不像过去宣传王国福等人时那样激昂地高声讴歌，而是用较冷静地发自内心地向你诉说着他遇到什么人、什么事、怎么处理的，这种少雕琢，情意浓、愿望强的诉说，你看看朱伯儒一个月挣多少钱，给不相识的人花多少钱？过年，他坐上火车去看老大爷……青年走上歧路，他伸出手去拉一把……”朴实无华地诉说引起听众的好感，不知不觉中进入积极收听的状态，产生联想、产生共鸣，进行自我教育。

这种朴实的播讲与朱伯儒其人其事的风格相吻合。感情与稿件相贴，一下子拉近了与听众的时空距离，远在天边，收听时却像近在眼前，收音机深入家庭炕头。听众反映这样的宣传真实可信，很解渴。

又如《实话实说》崔永元的主持很有平民意识，他和在场的观众是平等的，面对面的交谈，聊得幽默，侃得自然，画龙点睛，总结观点，使主持得心应手，赢得观众好评。

而《焦点访谈》的主持人方宏进，爱憎分明，语言犀利，充满了正义与责任的点拨与评论，让观众拍手称快！

敬一丹那充满女性的温柔，对失学儿童充满诚挚的爱心，和深挚富于哲理的评说，在深深打动着观众的心。

四．受众的期待对传者的心理压力

临时来电台、电视台录音录像的文艺团体或某厂矿的业余文艺爱好者遇上播音员、主持人正在工作，出于好奇围观。还有前来参观的人看电视播音员、主持人怎么录像。主持人来到观众当中采访节目也会遇上观众出于好奇围观等等。遇到这不可避免的围观时，围观受众对传播者的心理是有影响的，从量的方面看其影响的大小分为三级：一是感觉水平，即仅仅依靠某一感官察觉到参观者的存在，这时，参观者往往处于传播者大脑皮质的兴奋中心以外，所产生的心理影响主要是注意转移；二是知觉水平，就是对围观者外部特征有清晰的了解，这时，传播者发觉自己正受到注目，因而产生客观自我认识；三是意识水平，就是对围绕受众的身份及其与自己的关系所知甚明，激发起一定的情绪，考虑自己对之的态度。

从质的方面看，产生的心理影响包括：

(一) 注意转移

围观者的存在给他们增添新的刺激，这必然诱发一定程度的注意转移，对老练的播音员、主持人来说，有人围观更容易进入稿件。对新播音员、主持人来说，遇到有人围观就容易注意分散。

(二) 情绪激发

当对围观受众认知进入意识水平时出现的心理活动，会激发一定的情绪。现代社会心理学实验表明：旁观对当事人活动效率的影响与活动难度有关。难度自然是相对于主体的技能水平而言的。技能水平实际上就包含了注意分配的水平。具有高度熟练的技能，擅长分配注意力，就能泰然处之。

播音员、主持人创作受自我意识调节。

当有围观受众在场，而自己又认为在某方面或以某种理由优越于他们，这种情况特别容易激发人的自我表现本能。自矜、自尊、自负、自傲、自满的人，因此而变得格外兴奋。自惭、自卑、自怯、自逊的人，对客观自我所作的估价是否定性的，他们一旦面对围观受众（尤其是权威性的受众），每每产生强烈的自我贬抑。自我估价偏低者会由于焦虑而陷于慌乱，一时手足无措，紧张，以致丧失应变力。

自我估价适中的人，自如、自在、自信、自明、自得，不易为情境所左右。即使有人旁观，他们仍然安之若素。

播音员、主持人的技能水平与自我意识有联系，技能水平高超的，自我估价为肯定性；技能水平不足者，自我估价则反之。不过，自我估价常有主观色彩，无能而自满或才高而自逊的情况并非绝无仅有。要增强适应性，只有从提高技能水平与树立正确的自我意识着手，才能应付裕如。

上述分析表明，围观受众的存在，可能使播音员、主持人、进入规定情境，振奋精神，发挥潜力，也可能使之注意分散，情绪低落，降低效率，要解决这一矛盾，必须正确处理传播者与围观受众的关系，并努力提高业务技能。

第二节　巧妙的宣传方式

一．疏导、说服

转变受众不正确态度的方法很多，其中疏导和说服，不强加于人是一种巧妙的宣传方式。宣传内容固然重要，但让受众喜欢传者，信任传者，其宣传效果将事半功倍。怎样才能赢得受众的爱戴呢？这里绝不是哗众取宠，讨好献媚；也不是为了亲切而嗲声嗲气，播讲者与受众间应该是平等的、融洽的，真挚坦诚的。包括对孩子播讲，也要以朋友身份交谈，而不应该用哄孩子的口吻播讲，更不能居高临下端着架子来命令训斥人，受众对此最受不了，逆反心理也最强。这样做的结果只会适得其反。只有注重宣传方式方法，才能达到良好的宣传效果。下面举例说明：

有人用不同方式说明龋齿和健康的关系

方　式	反　应	效　果
1．强硬说教（牙烂了痛苦、感染） 2．中等方式诉说 3．用轻微方式诉说	1．引起强烈焦虑 2．中等程度 3．轻微程度	1．最少（被试中有8%） 2．中 3．最遵守口腔卫生（被试中有38%）

由此可见宣传要实事求是地提供信息，不夸大、不缩小，说服宣传要晓以利害，只有讲究宣传艺术才可能被受众信赖。

二．真诚、亲切

随着改革开放，电台、电视台节目越办越活，很富有生气。一大批受人们称赞的节目和许多富有特色的主持人纷纷涌现，这些为听众、观众青睐的节目在播讲及主持上有以下共同特点。即：

（一）真诚性

由于传播者能想受众所想，急受众所急，把握对象的心理要求，依据受众的兴趣与关注的问题进行有针对性的播讲，使播音或主持能适应受众的需要，自然地与他们融为一体，赢得受众的需求，传者的真诚热心，高度热诚征服了受众，驾驭了他们的注意力。

（二）情感性

由于设想了受众的要求，强化了受众的兴趣，与受众间的沟通感取代了冷漠，因此情感上引起共鸣，起到激励鼓舞的作用。

（三）丰富性

此种播音用声接近日常谈话，音色富于变化，语气上亦丰富，避免了长时间同一频率所造成的抑制，保持受众心理上的兴奋状态，使之乐于接受，受其熏陶疏导，从中得到收益。

（四）亲切性

因为播音员、主持人不是居高临下，也不是灌输式、说教式的播音与主持，而是针对受众的期待心理，平易自然给人一种亲切感，如崔永元的平民意识，让受众乐于接受，因此拉近了节目与受众的距离，让受众感到主持人或播音员就在他们中间。

第三节 与受众沟通的技巧

一．与受众间离的表现与原因

表现在有声语言上语气平淡呆板，没有起伏；或速度快的似自言自语，或抻甩拖沓没有播讲的兴致愿望，让人听而生厌。

表现在非语言上多见于电视播音中的不敢抬头，一抬头就播错，找不到行，接不下去，或为了抬头而抬头，抬头亮相内容中断，还是抬头作“看状”，眼神儿没反应，更有甚者屏幕出像视线过高或过低所造成的翻眼白呈蔑视状等，更为观众难以接受，影响了宣传效果。

这多是因为播音员、主持人所处的特殊的工作环境所致。播音员、主持人坐在播音室面对话筒或摄像机没有听众观众实体在现场（远不如演员可借助剧场中的观众的反馈刺激汲取营养），播音员、主持人看不到听众观众，而事实上却有千家万户的观众坐在电视机前收看或各自在晨练中、上班路上在收听。播音员、主持人必须在得不到反馈的环境里播音，工作的特殊性要求播音捕捉对象感要迅速及时，“呼之欲出”。训练有素的播音员、主持人只要往话筒前摄像机前一坐，一种强烈的播讲愿望就会油然而生，投入工作，立即精神焕发，眼神中闪着光，这就是一种良好的交流状态，熟能生巧。

而特殊的工作环境对初学者平添了束缚，使新播音员、主持人坐在话筒前，摄像机前，“目中无人”，“心中无人”，导致播音缺乏对象感的现象形成。

能不能因为看不见受众，就可以不管宣传对象，只管播音呢？不行。这样做，不能吸引人、说服人、感动人，达不到预期的播讲目的。

斯坦尼斯拉夫斯基说过：“没有对象，这些话不可能说得使自己和听的人都相信有说出的必要。”要努力做到“心中有人”，心里要有受众。为着他们，想着他们，不忘记他们。这就要学会与受众交流的技巧。

反馈是一个保证传播生生不息的要素，在传播的过程中，只有当有机会收听反馈——对方所传内容作出的反应，得到反馈，传者才能与之呼应，也才构成了双向交流，播与听、看的双向性(像演员与观众就属于这样的交流)。而播音的传都是单程的，他不能直接接收到受众——受方反应的反馈（只有通过“通联”沟通式深入基层才能得到受众的反馈)。播音工作性质决定了这一特定条件，要提高播音单程传播的效果，就要与受众交流起来。

二. 获得对象感

“对象感”正是被播音员、主持人用来作为使感情动起来的一种手段、一种途径，它属于某种联想和想象中的东西。播音员、主持人必须设想和感觉到对象的存在和对象的反应，必须从感觉上意识到听众的心理、要求、愿望、情绪等，并由此而调动播音的思想感情，使之处于运动状态。这种情况并不是播音者与受众之间的语言交流，充其量只是感情的单向流动。播音员、主持人设想和感觉到的受众情况，只是主观表象、意象，与客观实际不能等同。说到底这种设想和感觉仍然是属于播音员、主持人自己感情单向流动中的一个组成因素。①

播者与受众之间感情的给予和接受是在想象中进行的（不含现场主持节目或采访等有受众在场的情况）。受众对传播的信息有何反应，哪儿明白易懂，哪儿不易弄懂，播讲时易懂的地方清楚带过；播到费解的地方，为了照顾听众便于接受，可放慢语速，或把该强调处加重语气等。播讲者为听众设想得越细致，越多地熟悉听众的需求，越能在播讲中与听众产生更多的交流语气，情绪的呼应、起承转合越能丰富活跃，有根有据地交流起来。播讲者似乎感觉到了受众的喜悦、愤怒、悲痛、欢乐……等各种反应，这些又引起更强烈的播讲愿望，对象感更强了，在播方与受方之间感觉上已建立起互相激励、鼓舞的“默契”，用这种设想来弥补播音时“目中无人”及收不到反馈的缺陷是大有裨益的。

从听觉、感觉上是可以判断出哪次播音有无对象感的。这种凭耳力、眼力的感觉功夫在心理学上称为“感觉阈限”。我们需要这种本领，只有对声音语言的听觉能力发展了，才能提高鉴别力，为播音质量的提高创造条件。

三、电视交流技巧

电视除了语言交流之外，还有非语言的交流，如眼神、姿式、服饰等都要注意。电视播音员、主持人镜头前的自我感觉良好，视线所及处能意识到是在对着观众说，焦点能“看到”观众，语言也就有了着落，神态也自然松弛下来。一般抬头不要过于频繁，多在稿件开头问候，结尾再见或直接对话时应该抬头看着观众以尊重观众，礼貌待人。另外在句子核心处或层段间的转换处也可以抬头交流。若是遇上急稿、难稿尽量少抬头；把握好

① 摘自张颂《播音创作基础》。

内容，在易读好记处抬头交流。总之，抬头交流的时机要合理，掌握要灵活，借助大脑浅层记忆抬头时继续说保持内容不断，不能因抬头而产生间歇感。抬头的动作要自然，大大方方抬头，不要头不动，抬头时只是翻眼，这样会造成一是图像不好看，二来对观众也显得不尊重。

再有播音员、主持人视线的高低也有不少奥妙，视线看得过高易导致屏幕图像翻白眼儿的感觉，不雅观；视线过低又呈蔑视状也不恰当，最好应取平视中稍往下一点，即稍微带点俯视为好。当然播音员、主持人视线的高低还要以各台的摄像机与播音台的位置高低不同而有所不同，有的人视线所及在摄像机镜头底沿处为好，有的人则需看镜头最好，还有的要看镜头顶部，这不能一概而论，让播音员、主持人自己去摸索总结。

播音员、主持人的眼神不能虚，若是视而不见，观众则会跑神儿，也不能眼睛无固定位置地东看西看，否则眼神则飘，欠稳重，抬头看的方位要稳准、固定，只有“目中有人”，眼中才会有神采。

要想获得镜头前的自如交流，可以先从节目预告练起，因为服务性节目对象感较好驾驭。

新闻节目的难度要大些，播音员、主持人要把稿件文字化成自己的感受，播时心中有数，凭借着短时记忆看上句，余光扫视着下句，虽不能过目成诵，也要有一目十行的本领，找到合适的停顿位置抬头交流，而又语感不断，让人听来语势规整明快，流畅娴熟，这种功夫是在镜头外练就，在镜头前体现的。

“从内容出发”对电视播音员、主持人更为重要，要防止注意力它移，传达内容是首要的，其他如形象、视线、口形大小等等辅助手段都解决在训练阶段，镜头前只想着所播的内容。

播音员的面部表情不能一味追求冷，也不能与内容无关地作“笑状”，应该因内容而自然流露，要符合端庄含蓄的特点，面部表情在新闻节目中不宜太丰富，即使是高兴的事也不用笑，只要感觉到兴奋，眼神自然就能流露出来。

出去采访时，甚至坐姿都要注意，不能休息式地坐，而是工作式——身体前倾，（坐前三分之一处），不可坐满，给人懒散感），以表示出对被采访者的尊重。

口播时坐姿、要挺腰眼、有精神儿，两肩放松，胖人胳膊可取收式（两臂夹紧），显瘦；瘦人可扩些显宽，坐或站身体肌肉皆要放松。

主持人着装要看环境、场合的变化而变化，如背景是抗洪现场，主持人就应与现场的氛围一致，才谐调，若是在演播厅或剧场主持一台晚会，化妆、着装都讲究得多，情绪、语言也要有适当调整。

播音员的服饰代表着一个国家的水平，代表着所在省、市、地区的文化素质、情趣、工作着装不能奇装异服、应美观、舒适。而衣领在服装中占重要位置是视线集中的焦点，给人印象最深，如园脸型的播音员穿 V 字领衣服较好；长脸型的，则穿园领的效果更佳。领口的线条不能繁杂，以简洁为好，如衬衫有领，西服可以无翻领，反之亦然。

领带是男同志的重要装饰品，配带领带要和西服、衬衣配套，协调色彩花纹，不宜使色彩过多过杂，应画龙点睛为好。

四. 几种交流途径的把握

随着广播电视改革的深入，节目也越办越活，交流的形式也在跟着变化，这就要求我们要学会依内容、形式的变化，及时调整不同的交流渠道。

下面简述几种不同形式的交流：

首先是与想象中的对象“交流”。播音员是党的喉舌，是代表官方在传达宣讲政策精神，通常是比较端庄严肃地面对着观众坐在那里播讲，形式是男女一人一条的“轮播”、“对播”，这种交流在对手间没有交流关系，播音员只与想象中的电视机前的观众“交流”呼应（“交流”用引号是因为客观上虽然与观众在交流，但播音员工作间并没有实体观众，只是面对摄像机，交流在此时只是单程的传递）。

还有一种交流是通过与对手的交流达到与观众听众的交流，我们称之为“间接交流”。这时的交流对象不全是想象中的对象了，而是通过与对手的交流为主兼顾着观众，像目前活跃在屏幕上的形式——主持人节目就属于这种形式的交流，两者兼而有之。如《正大综艺》节目最早的主持人姜昆和杨澜同志，对手间合作得就很默契、和谐、自然。有姜昆同志的捧、衬、补才得以托出杨澜的自如洒脱活跃，如果对手不与之合作或不会合作，那么两人都会感到不自如，撒不开，还别扭，而影响整个节目的效果。后来此节目由赵忠祥同志和杨澜同志合作，赵忠祥同志很娴熟洒脱，杨澜同志出于对老师的尊敬，在主持节目时照顾与赵忠祥同志的交流要多于与观众的交流，做学生的身份多于主持人的身份，此处对主持人所要求的形象略有不足，这是合作最初阶段的不十分适应，后来彼此适应了就好多了。王雪纯那甜甜的笑和挥洒自如的主持，以及很有功底口语基本功，在《正大综艺》栏目中一经亮相就赢得了重多观众的青睐。他在谈到和搭挡合作时说：“我们要一起做一件事情，为着这个根本的目的，我们可以推心置腹地沟通、交流、磨合，观众看我们合作的节目时感到舒服比我们自己感觉舒服更为重要。”说到搭挡的更换，她说：“变化初始会给人带来不适，但和新搭挡从互相适应到配合熟练也是一个十分有意义的过程；只要真正地交流沟通，真心地相互扶持，这种不适感仍会很快消失。”

主持人节目的交流必须把握好交流的途径，两个人必须要交谈起来，双方要真听、真问、真思考，如果一方没听、没想，只是等着接自己的词，就会让人感到交流不起来，对话双方交流不起来，观众就不感兴趣了。为了使主持人合作自如，就要求两人要共同准备资料，探讨编辑节目的整体构思，衔接与转换，主持人的话题的切入点要找准，从哪儿说起要说得巧、中听，并能最迅速地引入主题，此外也应熟悉合作者彼此的特性、语言习惯，也好临场即兴发挥，应变得力得体，两人搭配是可贵的默契，只有互相理解多为对方着想，才能相得益彰。

与间接交流相对的就是直接交流。

播音员、主持人经常还有外出任务，如到大会宣读文稿或采访，口头报道等等，面对听众观众直接播讲，这时就要及时调整与受众交流的途径。

因为此时不再是与想象中的受众交流，而是面对真人实实在在地交谈，“交流”两字的引号去掉了，对方反馈处于同步，反馈及时，作用显著，这是播音员、主持人返朴归真的好机会，要抓住时机有意锻炼自己活跃于各种场合的本领。此时若能拿着话筒站在不同人面前，朴实自如地提问，问话得体又不失风度，让人感到确实具有新闻工作者的能力与素质，这样的播音员、主持人适应力强，接触面广，定会受欢迎。而对那些经验不足或缺乏现场采访锻炼的播音员、主持人，关在播音室与想象中受众交谈可以自如，一旦真地与受众交谈面对大庭广众却紧张、羞涩，交谈不起来的，更要有意识地走出播音室，深入基层与各阶层受众广泛交朋友，了解他们，熟悉他们，善于和各种人物交往，来锻炼自己当众演说的本领。只有知难而上，才能练出本领，适应各种渠道的交流。直接交流时要注意首先要自信、沉着、热情、镇静，既不慌乱，也不随便，举止端庄大方，情绪要与现场气氛吻合。若是采访，要注意把被采访者带入事件中，善于提问又会诱导，锻炼自己能在各种场合下自如谈话的能力，即可在2—3分钟内让不善言谈的人自如开口，又能与专家交谈并不失时机地发表懂行的评论，驾驭采访，使之在和谐 、亲切、自如的气氛中进行。当然这要建立在熟悉意图、明确宗旨、大量占有资料的基础上，又具有出口成章、言之有物的语言表达能力。

直接交流如“实话实说”中崔永元的主持，属于直接交流，更多情况是无稿即兴进行现场报道，这就看平日的政策水平，还要有充分的案头准备，同时还要有敏锐的应变能力等等，这就涉及到素质修养了（见另一章）。

总之，外出采访、直播与话筒前播音，两者非但不矛盾，还可以相辅相成。外出当众播音获得的感受有助于话筒前的播音，使之更有的放矢，积极地调动情感与想象中的受众交流。不管交流渠道如何围绕着交流形式而改变，但创作道路的根本原则是不能变的，要从内容出发，让形式更好地为内容服务。

直接交流中的话题讨论方式的特殊要求：

（一）全面充分的准备

1. 主持人的准备

（1）确定话题

确定的话题要适合参加者的水平，使每人有言可发

（2）理解话题

包括话题的念义要求、讨论目的，以便向参加者作正确说明。

（3）确定讨论程序

如何提出话题：

如何说明解释话题：

按怎样的步骤引导这一讨论：

（计划性要有，才能使讨论紧扣话题）同时临场的应变性要强、思维敏捷，出口成章（要有充足的信息量和知识储备，内蕴深）

（4）提前通知参加者、时间、地点、内容、要求

(5) 会场准备（准时开始）

2. 参加者的准备

仔细分析话题、确定发言要点，准备好发言材料

(二) 尽职尽责

1. 主持人的职责

(1) 明确交待话题讨论的目的

(2) 引导讨论

主持人不在于表达自己意见，应以真诚、机智引导大家畅所欲言，引导发言，要讲求艺术，遇到冷场时，善于启发，点燃思维的火花。当有人讲出重要见解时，可替他重复，引起注意，讨论完成一个程序，要及时总结；讨论抓不住要领，要加以点拨，提示要点，指明方向，两种意见相持不下，要适当加以约束，巧妙平息辩论；把握好时间，突出重点。

(3) 总结讨论

明确结论，意见一致，要重申观点；意见不一致，要分述各方意见，总结还要对讨论情况进行评议，肯定成绩，指出不足。

2. 参加者的职责

(1) 认真听（观点、意图）判断不同点、相同点。

(2) 积极发言：观点明，论据充分，重点突出，简明扼要。

(三) 尊重他人

礼貌发言，不抢别人话头，不垄断会场，不打断别人发言，尊重少数人，尊重多多人。

(四) 要求

(1) 认真听、正确理解发言实质。

(2) 发表意见时要有针对性，有条理

(3) 发表不同意见，责询时，态度要冷静、诚恳，不能感情用事。

(4) 主持人要善于启发诱导，避免冷场或“开无轨电车”。

要善于归纳总结，有明确题目和预定的目的。

第四节　传者与受众的关系

广播电视的传者与受众，是关键的要素，没有这些，就谈不上社会效应。传者熟悉受众的共性、特性心理，了解受众的需求，在传者与受众间的关系上，做到真挚、坦诚、融洽、平等，即使对孩子播音也要以朋友身份平等地交谈，而不是用哄孩子的口吻播读。研究了受众心理，在电视播音中就不会出现固定模式，如不顾内容地“低头看稿抬头笑”，使表情与内容脱节，使受众在播音员、主持人笑时有莫明其妙之感；也不会出现一味追求冷，板着面孔播报新闻而给人一种距离感。了解受众的接受条件，是需要情感沟通的，就不会居高临下端着架子，以命令训斥口吻播读，也不会为了讨好献媚，去迎合受众中的低格调，广播宣传本身应肩负起引导舆论导向的责任，因势利导地去引导舆论。

随着国家改革开放的不断深入，各地电台、电视台广开思路，大胆探索，相继创作出不少为受众喜闻乐听、喜闻乐见的名牌节目，他们注重与受众的交流，让受众更多地参与节目，大大地调动了受众的积极性，给人留下了难以磨灭的印象。像奥运会的报道、质量万里行的报道、卫星发射的报道等等，观众的参与，使其达到了情不自禁的地步。许许多多专题片的播出，牢牢地抓住了受众的注意力。若不了解受众的需求，就谈不到社会效应。传者为了适应宣传的需要，要尽量扩大生活的领域，并深入下去，去“了解各种人，熟悉各种人，了解各种事，熟悉各种事”，同更多的人做知心朋友。只有这样，我们才会熟知更多人的需求心理，才能使宣传更有的放矢，把千百万受众吸引到收音机旁、电视机前来。而广大受众的反馈又是传播者改革广播电视工作的重要依据，受众不仅是广播电视的传播对象，而且是广播电视的服务对象，广播电视事业是为他们兴办、发展的；广播电视节目的设置是为他们服务的。没有受众，广播电视就没有生命力；没有受众，广播电视就没有存在的必要。受众与广播电视是相互依存、相辅相成、相得益彰的统一体。

第八章　传受与注意

传受在此指两方面，即传者播音员、主持人和受者听众、观众，合称为传受，两者都有注意问题。

我们要介绍的什么是注意，注意的条件、技巧，探讨播音员、主持人自身怎样驾驭注意特征，使人们的注意能稳定持久，有意识地加强节目的感染力。吸引受众的注意，这是一个极其重要的心理方法问题。下面我们将逐一进行研究。

第一节　注意及其功能分类

一、什么是注意

注意是心理或意识活动对一定对象的指向和集中。

如果你一边看书，一边听桌上钟表的嘀嗒声，在短时间内可以做到这点，但不久你就会不是中断看书而去倾听钟声，就是被书所吸引，把钟表声“忘记”。注意就是把意识集中在某种对象上，而同时却离开了其他事物的心理现象。它是意识指向特殊对象的一种心理活动。

我们的意识范围，分为焦点与边沿两部分。在意识焦点上，是我们所明析的观念及思想；在意识边沿部分则模糊不清。在我们心理活动中是有选择性的，其作用即以意识集中于无数刺激中的某种对象，同时抑制其他种刺激出现，这种心理活动集中于意识焦点的努力，称之为注意。前苏联心理学家巴甫洛夫（1849－1936）用大脑神经过程的兴奋与抑制规律解释：大脑皮层上发生的每一个兴奋中心，都会引起周围区域的抑制。由于大脑皮层一定区域产生的优势兴奋中心，人能更清楚地反映引起优势兴奋中心的特定对象，就是注意。霓虹灯的此亮彼灭，递次闪光，有条不紊，就像大脑神经过程的兴奋与抑制的规律。

二．注意的功能

（一）选择指向功能

注意的指向性，表现的是人们的心理活动具有选择性，即在每一瞬间把心理活动的选择指向于一定对象，而同时离开其余的对象。法国雕塑家罗丹在创作《巴尔扎克》雕像时，竟有意砍去已经完成的这尊雕像的双手。因为他让学生观看时，学生把目光集中在雕像胸前那双叠合的手上，并说："这是双奇妙的手！"罗丹抡起一把大斧砍掉了那双手，他说：这双手太突出了！现在看的这尊雕像是没有手的，只见一个披着睡衣的魁梧身躯被莫大幻像所迷惑，头部高昂着，朦胧的睡眼，紧闭的嘴唇，蓬松的头发，表现出一种被失眠折磨得无可奈何的神态，但又好像在静静地构思。罗丹的大斧砍得成功。因为他把观赏者的注意力集中在最能揭示人物性格的面部表情上！审美注意最重要的特点就是指向性，在每一瞬间运用视、听觉注意特定的对象，同时离开其他对象，注意的指向性，使审美者能够更清晰地反映特定的对象。例如播音员录音时，编辑、录音员都在制作间忙碌着，播音员在这些人的忙碌之中（透过玻璃窗可以看到其情景）开始播音，此时播音员的注意全部集中于稿件，"进入"所播内容中。注意具有选择性，是选择有意义的，符合需要的，以及和当前活动相一致的有关刺激，避开无关刺激与影响，并抑制对他们的反应。

（二）调节和监督的功能

控制心理活动向着一定的方向和目标进行。如播音员、主持人播音时的注意集中于稿件内容，对其他的活动视而不见；对来自合作对手的翻稿划稿等干扰声响也能充耳不闻，这种状态就是注意的集中。如中央台640播音室齐越正在直播，编辑不穿鞋进来，绕到对播的潘捷身后，撤换稿件，齐越能不受干扰地播完手中的消息。注意集中在大脑皮层中产生了一个极强的兴奋点，必将引起它相邻近的其他部位或区域深度的抑制。若不是高度集中，在此种情况下很容易分神，导致播错。

在另一种情况下，当一个人因某件事大动肝火生气时，他的全部注意集中在生气这件事上。但是，如果生气的人能够控制自己的注意，并有意识地把它转移到其他的问题上，就可以使矛盾缓解，可见控制自己的注意不仅意味着把注意指向某种应该指向的事物，而且也意味着把注意避开不应该注意的事物。

（三）保持功能

如汽车司机开车、机器操纵者和飞行员在工作时的注意，它的特点是非常集中和稳定的，通常绝大多数是指向内部而又很不容易加以转移。例如科学家牛顿有一次想煮鸡蛋，他拿着一只表来看他开始煮的时间。过了一会儿，他发现在他的手里拿着的是鸡蛋，而正在煮着的却是表。当有人问他如何发现引力定律时，他说："因为我在全部时间内，都把思想不断地集中在这件事上。"难怪人们说："天才不过是持久的注意力。"

在日常工作学习中，总有一些使人不感兴趣而又非做不可的事情，必然有困难和单调的因素，这就要求人们把注意有意识地集中并保持在这些事情上，这样才能发展注意能力。

注意对人类具有十分重要的意义，它使人的心理活动处于一种积极状态之中，使心理活动具有一定的方向。

人在集中注意某一对象时，常常伴有特定的生理变化和外部表现。

1. 适应性运动

人在注意听一个声音时，把耳朵转向声音发出的方向，所谓“侧耳倾听”；人在注意看一个物体时，把视线集中在该物体上，盯着看，叫“举目凝视”，都是指集中注意力，排除无关刺激，使注意的内容清晰地保持在意识中。“侧耳倾听”属于外部的注意。“举目凝视”、“低头沉思”属于内部的注意。

2. 无关运动停止

从注意的生理机制上看，它在于中枢神经过程的诱导规律，这个规律决定着在大脑皮层上发生的每一个兴奋中心都引起周围区域的抑制。注意的优势兴奋中心的形成就必然地导致注意之外的其他神经过程的停止。如你边走路边思考问题，这时突然有人喊你的名字，这喊声引起你的注意，你就要停止走路去寻找那声音的来源。于是思考问题的心理过程也就因抑制而停止。

当人集中注意时，常常表现为静止状态，如教室里鸦雀无声，即是同学们在聚精会神地听老师讲课，专心于上课内容。

3. 生理变化上的表现

人在注意时，呼吸变得轻微缓慢，一般吸得更短促，呼得愈加延长了。在紧张注意时，还会出现心跳加速、牙关紧咬、紧握拳头、肌肉紧张等，播音要求注意力集中，但要适度，过于紧张造成生理上的变化，对播音员、主持人表达是有害无益的，只有肌肉松弛、气息自如，才能使内容清楚、语言顺畅。造型艺术就很能捕捉，表现人在注意时的外部表情，如雕塑大师罗丹的《思想者》，描述出一个人沉浸在自己的思想中时，注意的外部表现特征，此雕塑已成为这一类特征的精品范例。

三、注意的分类

注意分无意注意、有意注意和习惯性注意等。

根据产生和保持注意有无目的和意志努力的程度不同，可以把注意分为有意注意（随意注意）和无意注意（不随意注意）、习惯性注意（随意后注意）。

（一）有意注意

有意注意是一种自觉的、有预定目的的，在必要时还需做一定意志努力的注意，叫有意注意。

有意注意是一种主动地服从于一定的活动任务的注意，它受人的意识的自觉调节和支配。如在复习功课或写作业时，对面楼里传来弹钢琴声，这时迫使自己把注意集中到学习上，这就是有意注意。

马克思说：“除了从事劳动的那些器官紧张之外，在整个劳动时间内还需要有作为注意表现出来的有目的的意志，而且，劳动的内容及其方式和方法越是不能吸引劳动者，就越需要这种意志。”

有意注意是人所特有的一种心理现象，引起和保持有意注意的条件如下：

1. 加深对目的任务的理解

因为有意注意是有预定目的的注意，所以对目的任务的重大意义理解得越清楚、深刻，完成任务的愿望越强烈，因而，与完成任务有关的一切事物就越能引起人们的注意。在播音同行中有种糊涂认识，认为“备稿”是无能的表现，其实不然，能不能集中注意认真分析稿件，尤其是在声音嘈杂环境中自觉调节，根据目的要求深入开掘稿件的内蕴，这正是衡量播音员、主持人心理素质的起点。要保持注意，可以在备稿中向自己提出一定的问题，如“是什么”、“为什么”、“对谁播”这些问题可以帮助播音员、主持人较快地把握稿件的精神实质，又可以抑制其他无关注意的干扰。

2. 培养间接兴趣

因为间接兴趣，对保持有意注意有很大作用。

3. 用坚强意志与干扰作斗争

有意注意不仅在没干扰情况下可能，即使在有干扰情况下也是可能的，这些干扰可能是外界刺激物，也可能是机体的某些状态（疾病、疲劳等），也可能是一些无关的思想和情绪等，除采取一定措施排除干扰外，还要以坚强意志和干扰作斗争，这样就能锻炼意志和培养有意注意。

（二）无意注意

事先没有预定的目的，也不需要作意志努力的注意叫无意注意。例如，大家正在听课，忽然迟到的同学推门进来，大家不由自主地转头看他，这就是无意注意。

（三）习惯性注意

是有意的注意发展到极至时，没有意识到意识的活动与努力。如播音员、主持人参观美展、摄影展，津津有味，可以几个小时无倦意。这种注意是受兴趣的驱使，不费精力并能保持长久，是注意的上乘。受众随意打开收音机、电视机被节目吸引，坐下来看进去，是节目抓住受众注意力了。

如果广播电视节目质量高，受众随意打开收听、收视、无意中被节目吸引、坐下来、看进去，如果是连续性的节目能牢牢抓住受众注意，能调动着受众的注意，准时收看、收听，那么，这样的节目就可称为好节目。

四．避免不利注意出现

播音员、主持人播讲时要研究怎样才能抓住听众观众的注意，避免引起不利的注意。比如有的电视播音员报告新闻时，觉得正襟危坐太呆板，动脑筋想改革一下，因此在播送新闻时，手还在转动钢笔，想借此使画面活泛，但这恰恰违背了注意的特点："即在同一时间内，人只能注意少数的对象"，"集中注意的中心"。收视新闻联播时注意的指向集中于所播内容和播音员的面部表情（协助理解所播内容），此时播音员转动手中钢笔的小动作就会把观众的注意力移向转动的钢笔上，注意他移，这是因为播音员报告新闻时缺乏外界刺激。大脑的兴奋难以维持高度的水平，所以有时微弱的附加刺激不但不会减弱注意，反而会加强注意。就会适得其反，干扰破坏收视新闻的注意力，使人不去听内容，却琢磨播音员手中的笔。转动钢笔或其他不必要的任何小动作，都是对收视新闻的一种干扰破坏，是不利的注意，在播音中要尽力避免。

又如主持节目时，引导观众游览名胜，主持人因地理气候的变化可以适当换换衣服，若是在半小时节目里更衣六七次，那就会与介绍祖国大好河山的主题夺戏，让人注意力他移，大有时装模特之嫌，这也会影响收视者的注意力，干扰对内容的欣赏。

再如有的电视播音员口播新闻时，（在没有提示器的情况下）播完的稿件不是大大方方地放在旁边，而是移稿出镜头，播者主观是想回避，不让观众看到放稿，可是观众越是看不到便越想看，还产生一些联想，小动作反而分散了观众收视新闻的注意力。

第二节　保持注意的条件与技巧

人在感知某种事物时，注意很难长时间地保持固定不变。注意可以在或长或短的时期内减弱，在所有人的身上都可以毫不例外地观察到注意动摇的现象。如在听觉方面，把一只秒表放在刚能听到表针走动嘀嗒声的地方，这时你虽然一直在注意听，但却时而能听到，时而又听不到表的嘀嗒声，或者感觉到钟表声时强时弱，注意的这种周期性地加强和减弱的现象，可称为注意的起伏现象，心理学家把这种现象称为“注意的动摇”。早上边吃饭边听新闻，有的消息听得很清晰，可也有的消息却充耳不闻，这也是注意的动摇。正是由于注意的起伏性，使人很难长时间注意一件事。

怎样才能克服注意的动摇，达到注意的持久稳定，这使我们对注意的条件发生了兴趣。决定人们注意力的方向，包含两类因素：即客观因素与主观因素。要让受众保持注意，关键在于节目要善于抓住受众的注意。

一．客观因素

（一）强度与大小

两种刺激同时呈现，强的、大的刺激容易引人注意。除了绝对强度外，刺激的相对强度在引起无意注意上有着重要的意义。例如：在喧嚣的地方，甚至很大的声音也不会引起人的注意，而寂静的夜晚，轻微的耳语声，也能引起人们的注意。“绿叶扶红花”，当绿叶红花一起展现在面前时，为什么人们首先注意红花？因为对比中的强度，红比绿更吸引人，属于暖色调的红光比色调偏冷的绿色光，闯入眼帘更快（光谱分析证明）。可见，对比中的强度是引起注意的一个客观原因。

播音就可以利用听觉上的相对强度，来突出强调新闻中的主要事物：

例 1：“素有‘京北风沙口’之称的塞北丰宁，8 年前每年还从这里将 4 百万吨风沙送入北京；8 年后这里却出现一排排绿色屏障，一片片绿的海洋，闸住了刮向北京的风沙。”这条新闻导语，只要你能抓住什么地点、什么事，即“塞北丰宁”、“闸住了刮向北京的风沙”，其他清楚带过，此条消息的内容就清晰了。

例 2：“这就是朝鲜战场上一次最壮烈的战斗——松鼓峰战斗。”“最壮烈”作主重音，声调加重，“松鼓峰”次重，比前面主重音稍轻，又比其他词语重些，靠这种相对强度变化就容易让听众听清楚内容。

再举一例：《杜鹃山》中柯湘等人连夜召开支委会，部署下山劫狱救雷刚，会议最后有一句话：“防守秘密要严。”

当时的形势紧迫危急，我中有敌，嘱咐此话时很有分量，在语调处理上不是用加重，在“防守秘密”后稍加停顿，然后用放轻放慢了的声音说出“要严”两字，此处用轻声虚气说出比加重说出更有分量，这也可以说是运用声音的相对强度来达到醒目、突出的效果吧。

（二）对比

两种刺激成为对比时，格外引人注意，例如姚雪垠的《李自成》在戎马仓皇的紧张战斗场面的描写中又穿插着明末宫廷生活的安逸闲散，这样有张有弛，构成鲜明的对比。

像《红楼梦》中宝玉“娶亲”和黛玉“焚稿”两场戏就是运用艺术对比，掀起人们的感情波澜，收到感人至深的艺术效果。

又如《卖火柴的小女孩》全篇以抑为主，其中用幻境中的烤鹅香味与现实中的饥肠辘辘对比，这种欲抑先扬的对比在播音处理上能牢牢抓住受众的注意，使之有紧张、有松弛、乐而不疲，使注意能在对比变化中保持稳定持久。播音中的欲抑先扬，欲扬先抑，快中有慢，慢中有快等表达方法的运用，往往能起到吸引受众的作用。像写作中的“以乐景写哀，以哀景写乐，一倍增其哀乐”，像戏曲中的“六反”：“清者以浊反，喜者以悲反，福者以祸反，君子以小人反，合者以离反，繁华者以凄凉反”相反相形道理，以有一定强度的对比来引起观众的审美注意。

(三) 变化

听觉、视觉的注意比较短暂，人们在收听收视新闻时，富于变化的内容形式，活动的画面交替变化容易引起人们的注意。如新闻联播中采用男女两人轮播，一人一条，内容变化，克服了声音的单一色调，口播与画面轮换交替出现，形式也变化。

近年来，广播电视节目越办越活，形式新颖多样，如抗洪抢险报道中运用了前后方联动运作，这边是主持人代表着观众的期待，另一边是奋战在一线的记者，身旁就是抗洪现场、抗洪情景、赈灾物资的发放情况，全方位呈现在观众面前。

二. 主观因素

注意虽能由外界刺激物所引起，但也决定于人本身的状态。同样的一些外界事物，由于感知它们的人的主观状态不同，就可能引起一些人的注意而不容易引起另一些人的注意。

引起注意的主观原因主要表现为：

(一) 人对事物的需要、兴趣、态度和期望

凡是能满足人的需要的事物，就容易成为注意的对象。当同个人已有知识有联系的事物以及能增进一个人新知识的事物，容易引起人们的兴趣和注意。一个人的切身利益或兴趣，和肌体的需要一样，使他对于特定的反应容易接近或避开。同样一间屋子，学者注意室内的书籍，工程师注意房子的构造，艺术家注意室内的装饰。人的需要和兴趣，影响着人对事物的态度，则不容易引起注意；若是对某方面事物有很浓兴趣，就会随时关心注视着其发展，期待着此方面消息的传播，当时的态度与期望，常变为选择注意的动力。谋职的人则特别注意刊登的招聘广告，准备乔迁的人对家具广告特别留心，态度即心理的倾向，对个人的注意也有影响。注意与兴趣有密切关系，兴趣是客体的某些特征引起主体注意，注意是客体某些特征引起主体兴趣，两者互为因

果，不注意不感兴趣的，人们也不会长久注意它。

（二）人当时的情绪和精神状态

人当时的情绪状态，在很大程度上影响着注意，如果一个人当时心胸开朗，心情愉快，平时不大容易引起注意的事物，这时也很容易引起他的注意。如果一个人心胸抑郁，心情不愉快，平常容易引起注意的事物，这时也不易引起他的注意。

人当时的精神状态也对注意有重大影响，人在过度疲劳情况下，常常不能觉察到那些在精神饱满时很容易引起注意的事物。人在精神饱满时，最容易对新鲜事物发生注意，同时注意也容易集中和持久。

第三节　注意品质的培养

好的注意品质应该有如下几方面的特征：注意的稳定与集中、注意的分配、注意的转移、注意的范围。下面分别说明。

一．注意的稳定性

注意的稳定性是指注意长时间地保持在感受某种事物或从事某种活动上。这是注意在时间上的特征。注意稳定性的标志是活动在某一段时间内的高效率。

注意的稳定性，就是努力保持长时间地把注意指向某种事物的能力，以及注意对疲劳和精神涣散作用的抵抗力。一个人能控制调节自己注意的能力，能约束自己注意地去做每一件事，而决不允许自己漫不经心地去做任何一件事，人的注意稳定性的发展是和人的意志品质的发展相联系着的。

注意的稳定性与主体状态有关，人对事物的意义理解深刻、态度积极、兴趣浓厚，注意则容易稳定。

（一）如何集中注意力

注意力的集中与分散表现在各个人身上是有着个性差异的。有的人很快能集中起注意，而有的人注意不易集中却很容易分散。

现在各地电台和部分电视台恢复了新闻直播，而新闻节目大多是时间紧、来稿急，并要求准时播出，这给播音工作平添了难度，能否胜任新闻直播或录音任务，就成了衡量播音员、主持人能力水平高低的标准之一。要准确无误播出且达到优质高水平，除了进行大量的专业技能训练外，尤其要重视注意力集中的训练。

注意集中的训练，方法很多：

1．限时备稿

让新播音员、主持人在同一时间领稿，限时准备，定时收回。然后请每人当场写出稿件内容的梗概，看谁复述得最准确。这样经常训练可以提高备稿效率，增强抗干扰能力，能控制和调节自身的注意方向，保持注意的稳定集中。

还可以进行口语复述训练（详细复述）：老师给大家朗读一段故事后，要求学生详细复述，必须用自己的话，严格按原始材料顺序，清楚、准确、完整地述说，不准增添、遗漏，人称、语言、风格要保持原样。这时学生就要细心听记，注意力要集中，理出层次，抓住中心，拟好提纲，开始复述。

简要复述：对原始材料，加以浓缩、概括。注意：（一）要熟悉材料，分清哪些是主要内容，哪些是次要内容。（二）抓住中心：根据复述要求把握中心，对材料取舍删减。（三）用自己的话重新组织概括主要内容，要注意突出中心和详略得当。删繁就简，不能因剪害意，不能删主干，不能偏离中心。这种练习对加强学生的思维和语言同步，训练注意力稳定集中是很有益的。

2．快稿急稿播练

在每次播音训练中有意插入一二条临时稿件，选择那些知识性强，趣味浓，富有新鲜感的消息进行练习。

这种训练具有突然性，对注意集中很有好处。心理学分析："在精神高度集中的情况下一个人会沉浸在他所注意的对象，而注意不到周围所发生的事情"。①

在电台直播室里有时会遇上紧急改稿的特殊情况，这时训练有素的播音员、主持人就会沉着应战，而缺乏训练的播音员、主持人面对此状，顿时会分散注意，形成心理压力导致重句打磕巴。可见锻炼注意力集中，不为干扰所左右的良好心理状态对播音工作是多么地不可缺少。

3．排除杂念法

有的播音员、主持人一到话筒前、镜头前极易产生杂念。所谓杂念，就是与播音内容无关的思想念头，其中包括想表达技巧，使思想游离于内容之外，统称为杂念。它的产生干扰着注意的集中。注意的兴奋中心被抑制，思维没有指向并集中于所播稿件内容上，而指向并集中于不该注意的杂念上去……遇到这种杂念干扰时，可以采用排除杂念法，用所播稿件内容或播讲目的来诱导自已把注意集中到播音的内容和目的上去。因为一个人对于某个对象注意越集中，那么对于其他对象也就越模糊，用此法抑制杂念产生，使注意保持稳定集中。

还有些播音员、主持人往往开始不容易进入稿件，而需要经过一定努力才能使注意集中到指定方向上。克服这种症状，就要付出最大的努力，使其把注意力从呼号开始牢牢地稳定在预期的目的上。

---

① 《普通心理学》上册。

（二）如何保持注意力

一个是自身的状态将直接维系着注意力。有些播讲者自己没有愿望，让人听而生厌；只有自身的状态积极，兴趣盎然，主观能动性充分调动起来了，达到情满于怀，一吐为快的程度，此时的播讲愿望十分强烈，这种状态下的注意是易稳定持久的，也是最富于感染力的。

另一个是内容与表达，内容若是单调的，静止的，或生吞活剥的，注意则难以稳定；如果内容是丰富的、活动变化的，就能吸引住人们的注意力。这犹如在万家灯火的夜市上，最惹眼的是忽明忽暗的霓虹灯，节奏变化有很多形态，如疾徐、轻重、冷暖、在变化中保持住注意力。

二、注意的分配

注意的分配是指同时进行两种或几种活动的时候，把注意指向不同的对象，叫作注意的分配。[①] 据说拿破仑能够同时做 7 件事。这是难以置信的。但是，1887 年法国心理学家庞尔汉，证明拿破仑有在朗读一首诗的同时又能写下另一首诗的能力。拿破仑还能在朗读一首诗的同时笔算复杂的乘法。这是真实的情况，当然这是注意分配的高能。

当一个人同时做几件事时，就必须要分配他的注意。巴甫洛夫说："我们能够用大脑两半球的那些部分来工作，这些部分根据外抑制的原理是在一定的程度上受到抑制的，因为大脑两半球和我们所从事的主要的工作相联系的那一点，当然是处于强烈的兴奋状态的。"播音员、主持人在录音中断再接时，注意的分配就显得突出了。这时要自己操纵机器放录音，耳朵又要听着已录上的接头处前面几句，心中还要默念重复着已录上的最后一句

① 《普通心理学》第 203 页。

话，以便衔接处声音和谐自然不留接头的痕迹，与此同时，注意力又要很快由接头处迅速转入下面的稿件内容中去，这真是要一心几用。白岩松主持解说珠海航空展开幕式时真是眼观六路，耳听八方。播音员、主持人往往是眼、口、耳并用，这使技术不熟练的播音员、主持人难于应付，顾此失彼。其实熟能生巧，当解说专题片时要听着音响，看着画面，掌握着合适的时机插入解说并能使注意很快集中到解说的内容中去。当兼顾的事能熟到“自动化”，即稍加思索就能反应迅捷或用很少注意就能兼顾到录音、画面、音响，注意中心用于播音，那么，这样的播音员、主持人就是具备了较好的注意分配能力。注意分配能力不同于注意的分散，因为注意分配是在注意稳定集中于内容的情况下，同时兼顾着与播出有关的事（其中一种是非常熟悉的）。播音员、主持人具备了注意分配能力，就能在直播中机敏地纠正差错而使注意力集中于内容不受干扰。电视播音员、主持人能在看稿件内容的同时兼顾着抬头与观众的交流，播录音报道、电影剪辑、戏曲解说时就能耳朵监听着音响效果和戏词的同时，判断着何处插入解说，并且能使解说的情绪与环境气氛相吻合，同时也兼顾着音量的控制、音色的调整。如果播音员、主持人的注意分配不当，就难以把多头绪的工作纳入和谐统一的有机整体。所以播音员、主持人要有较强的注意分配能力。而这方面差的人尤要努力锻炼。比如多练习些解说、译制片配音、散文朗读等，在实践中磨练，就会提高从事播音主持工作的注意分配能力。

注意的分配是有条件的。首先，同时并进的两种活动，其中必须有一种是熟练的，这样我们才能把大部分注意集中到比较生疏的活动上去，把小部分注意分配到熟练的活动上去。如边织毛衣边看电视，这是因为编织熟练了，才能把大部分注意分配到看电视上。活动熟练，是注意分配的重要条件。其次，同时进行的几种活动之间的关系也很重要。如果它们之间毫无关系，则同时进行这些活动是很困难的；但如果在它们之间已经形成了某种反应系统，则同时进行这些活动就比较容易。

三. 注意的转移

注意的转移是指一个人根据新的任务，主动地把注意从一个对象转到另一个对象上。如播音员、主持人每播一条消息，注意就转移一次，由上一条内容转换到这一条内容上，随之情绪也从一种情绪转换到另一种情绪中，如从胜利的喜悦情绪转换到讣告的悲痛情绪，这是比较大的情绪转换。如批评——建议——抗议；明快——喜悦——兴奋等等。

注意转移的快慢和难易取决于原来注意的紧张度和情绪的浓淡，以及引起注意转移的新事物的性质，原来的注意紧张度越高，情绪越激动，转移注意也就越缓慢。可是播音工作却要求播音员、主持人必须要具备冲破这一束缚，在短时间内，对新的刺激物迅速发生反应，使情绪和注意迅速转移到下一个情绪内容中去。这就要对播音员、主持人进行技能训练，使其能自觉地有意识地借助媒介物刺激迅速焕发相应情感（这在想象一章中已详述，此处略去)。

注意的转移，就是注意的重新组织，也就是和它的活动目标的改变相联系地从一个对象转移到另一个对象的能力。注意中心的对象移到注意中心以外，而另外的新对象进入注意中心，整个注意范围的图景便发生变化。因此，每当注意中心的对象转换后，必然出现新的注意分配情况，可见注意的转换与分配是彼此紧密联系着的。

四. 注意的范围

注意的范围，是指在同一时间内能清楚地把握对象的数量。据许多实验认为，在同一时间内能清楚地看到或听到的东西，其数量是很有限的。有位叫哈密顿的人最早搞过一个实验：他在地上撒了一把石弹子，发现人们很不容易立刻看到6个以上，最多不过看到7个石弹子，实验还证明，在1/10秒时间内，成人一般能注意到8个左右的黑色圆点或4—6个没有联系的外文字母。

实验发现，影响注意范围的因素主要有两个方面：

（一）知觉对象特点的影响

哈密顿做实验时就已经发现，人虽然同时只能看到六七个石弹子，但如果把石弹子2个、3个或5个堆一堆，能掌握的堆数和单个数目一样多。他发现人们会把一堆看做一个单位。从那以后，人们渐渐认识到，在知觉任务相同的情况下，知觉对象的特色不同，注意的范围会有很大变化。其一般规律是，注意对象越集中，排列得越有规律，越能成为相互联系的整体，注意的范围也就越大；反之，则注意的范围就小。比如播音员、主持人看稿时，遇上专业术语多的稿件时，注意范围被对词或词组的理解限制住，当然注意范围就小。播音员、主持人对所报道的内容不熟悉，新闻语感又不强，稿中内容连不成句，这样注意范围就小。反之，对所播内容熟，稿子好读上口，新闻语势熟，注意范围就大，驾驭稿件的能力就强。

（二）个人的活动和知识经验

在速示器呈现字母时，如要受试者说出字母写法上的错误比单纯要求说出什么字母数量要少得多。这时注意范围缩小，因为要辨认每个字母的细节。文化水平高的人比文化水平低的人注意范围要大。

注意范围的扩大，在镜头前就可以“一目十行”提高看稿效率，赢得了抬头与观众交流的机会，若是注意范围小，应付内容还来不及就不能抬头与观众交流。新闻工作者都知道，新闻的来稿多是时间紧、来稿急，没有充分的看稿时间。注意范围的扩大，对赢得时间干好工作是很有意义的。

第九章 播音员、主持人的个性心理结构

第一节 播音员、主持人的气质与性格

一、气质及类型特征

（一）什么叫气质

探讨播音员、主持人的气质与性格，了解播音员、主持人气质与性格特点，有其重要意义。播音员、主持人不仅要加强自身的道德品质修养，而且要充分利用自己的气质特点和形成良好的性格，以便于当好党、政府人民的喉舌，为人民的根本利益，共同事业，共同理想服务。

气质是个性心理特征之一，一般人所谓的“脾气”是气质的通俗说法。气质实际上指的是某个人典型的表现于心理过程的速度和稳定性（即知觉的速度，思维的灵活程度，注意集中时间的长短）、心理过程的强度（即情绪体验的强度，意志努力的程度）、以及心理活动的指向性特点（有的人倾向于外部，从外界获得新印象；有的人倾向于内部，经常体验自己的情绪，分析自己的思想和印象等等）。因而它为人的全部心理表现染上了一种

浓厚的、独特的色彩。例如，有的人高兴时，眉飞色舞，喜形于色。有的人即使非常高兴，也只是淡淡一笑，不动声色。

（二）气质类型及其特征

关于气质类型的问题，自古以来有许多说法。大体可以分为以下几种学说。

古希腊医生希波克拉底和古罗马医生盖仑是这种学说的代表人物。这种看法认为人体内有 4 种体液：血液、粘液、黄胆汁和黑胆汁。根据体液的不同，有些人易感情用事、动作激烈，是因为黄胆汁过多，所以称之为“胆汁质”；有些人灵活好动、动作敏捷，易喜形于色，是由于血液过多，因而叫“多血质”；有些人沉着冷静、情绪较稳定，是由于粘液多，所以称“粘液质”；还有些人动作迟缓不易外露，是黑胆汁过多，故称为“抑郁质”。

德国精神病学家克端奇米尔提出按体型划分人的气质类型的理论。将气质分为肥短型、瘦型、强壮型，其特点分别为随和乐观、动作缓慢、思路敏捷、动脑、粗放和有竞争能力。

日本学者古川竹二等人认为人的气质与血型有关。人的血型有 A 型、B 型、AB 型和 O 型。A 型气质的特点是温和、老实稳妥、多疑怕羞、顺从、依赖他人、感情易冲动；B 型气质的特点是感觉灵敏、镇静、不怕羞、喜交际、好管闲事；AB 型的气质特点是上述两者的混合型；O 型气质的特点是志向坚强、好胜、霸道、不听指挥、喜欢指使别人、有胆识、不愿吃亏。

柏曼等人提出，人的气质是由某种内分泌腺的活动所决定的。这种观点是把气质分为甲状腺型、脑垂体分泌型等。甲状腺素分泌多的人会表现出感觉灵敏、意志力强的气质特征。脑下垂体分泌型其气质特征是情绪温柔、自制力强。

以上种种说法不一，此处加以介绍仅供参考，其各自的科学性正在论证中。

目前，被大多数人接受的则是巴甫洛夫的高级神经活动类型的学说，它为气质类型提供了科学的解释。

气质的高级神经活动类型说。巴甫洛夫研究动物高级神经活动规律时发现，不同动物的条件反射的形成有不同的特点，显示出很大的个性差异。

巴甫洛夫根据高等动物大脑皮层基本过程的3种特性（强度、灵活性、平衡性）划分出高级神经活动的4种基本类型：

①强、平衡、灵活型（活泼型）；

②强、平衡、不灵活型（安静型）；

③强、不平衡型（不可抑制型）；

④弱型。

巴甫洛夫认为，这4种神经系统的基本类型是动物和人共有的。它是气质的生理基础。活泼型相当于多血质；不可抑制型相当于胆汁质；安静型相当于粘液质；弱型相当于抑郁质。

并不是所有的人都是按照4种传统气质类型来划分的，只有少数人是4种气质类型的典型代表，多数人是介于各类型之间的中间类型或混合型。因此，在判断某个人的气质时，并非一定要把他划归为某种类型，重要的是观察和测定构成他的气质类型的各种心理特性以及构成气质生理基础的高级神经活动的基本特性。

高级神经活动类型	气质类型
强、平衡、灵活性（活泼型）	多血质
强、平衡、不灵活性（安静型）	粘液质
强、不平衡型　　（不可抑制型）	胆汁质
弱型	抑郁质

气质类型	主要特征	人的表现特征
多血质	活泼好动，富有生气，情绪产生快且多变，表情丰富，思维言语动作敏捷、乐观、亲切、浮躁、轻率。	这种类型的人容易适应变化的生活环境。善交际，处于新的环境时不感到拘束。在集体中精神愉快，朝气蓬勃。向往理想的事业。如果事业平凡，他的热情可能会减退。
粘液质	沉着冷静、情绪产生慢且弱，思维言语动作迟缓，内心较少外露，坚韧，淡漠。	这种类型的人坚定顽强，遵守生活秩序和工作制度，不易分心。能坚持不懈地埋头于繁重工作，决不半途而废。不因空谈而耗费精力，对自己的力量做好估计后，便可把事情一干到底，态度持重，能控制自己的冲动情绪，但不够灵活，个性强，注意的转移需要很长时间，容易因循守旧。
胆汁质	精力充沛，情绪产生快且强，言语动作迅速而难于自制，内心易于外露，直率、热情、易怒、急躁、果敢。	这种类型的人能以极大的热情投身于事业，精力充沛，积极克服困难。直率、热情、积极、外向，但可能任性、急躁、粗暴。
抑郁质	柔弱易疲倦，情绪产生慢且强，敏感而富于自我体验，言语行动软弱无力，胆小、忸怩、孤僻。	这种人多愁善感，受不了挫折，行动表现缓慢，但对事物反应敏感。情绪表现持久深刻，能注意到别人容易疏忽的细节。往往因微不足道的缘由动感情。在习惯的环境容易与人相处，能胜任所委托的任务，表现出坚定性。但在新环境里，在陌生人面前，表现孤僻。在困难情况下，优柔寡断，面临险情，极度惊慌。

气质类型无好坏之分。任何一种气质类型都有其积极的方面和消极的方面。在良好的教育影响下，胆汁质型的人可以成为积极、热情、生气勃勃的人；如果受到不良影响，也可能成为急躁、任性和易发脾气的人。粘液质型的人容易养成自制、镇静、沉着的性格，但也容易变得冷漠、固执。多血质型的人感情丰富、能力强、适应性强、善交际，但也容易出现不踏实、浮躁；抑郁质的人引导好了可以仔细耐心，感情细腻，善于深思，教育不当则可能变成孤僻、胆小等等。

气质也不能决定一个人活动的价值和成就的高低。据研究，普希金有明显的胆汁质特征；果戈里具有抑郁质的特征。气质类型不同，并不影响他们取得成就。每种气质的人都可能出人才，也可能出庸才。

气质是构成人的各种个性品质的一个基础，因此它是一个必须加以分析和考虑的重要因素。当前有关气质的研究中，多用希波克拉底的四种气质名称和巴甫洛夫等人研究的高级神经活动类型的特征相结合的心理特征的指标，进行测量和研究。

关于气质类型的典型表现，前苏联心理学家达维多娃曾经对四种气质类型的典型人物做了具体描述，四种气质类型的人在相同的环境中，表现出四种不同的心理状态和行为特点。比如：他们去剧院看戏，都迟到了 15 分钟，结果面对同样的情境他们的态度与行为分别为：

典型的胆汁质者：对检票员不让进，表示气愤，并争吵起来想闯入剧院。

多血质者：对这种作法，表示理解，但随后找到一个没有任何人检查的入口进入剧院看戏去了。

粘液质者：理解，并自我安慰，第一场总是不太精彩，先到小卖部买点吃的，等幕间休息再进不迟。

抑郁质者：早就对迟到后悔，认为不该来，运气不好，看了戏，还不知道有什么麻烦事呢，于是扭头回去了。

可见气质类型不同，表现也不同。

二. 性格及类型

性格是人的个性心理特征的重要方面，人的个性差异首先表现在性格上。

(一) 什么是性格

性格是指人对客观现实具有社会评价意义的、稳定的态度和习惯的行为方式。

性格是个性的一个方面。不同的人，有不同的性格。有的人对同志热情忠厚，与人为善；有的人对同志尖酸刻薄，冷嘲热讽。有的人在困难面前不畏艰险，有的人畏缩不前。有的人谦逊，有的人傲气，这些都是人的性格差异表现。

性格是个性中最明显、最重要的心理特征。那种经常性、习惯性的表现是个体的性格特征。它是区别一个人与众不同的重要标准。而一时性或偶然性的表现不能被认为是一个人的性格特征。

性格是在遗传的基础上，在后天形成的。一旦形成，就有相对的稳定性。然而，又有其可塑性，是可以改变的。

性格与其他心理现象一样，也是人脑的机能。巴甫洛夫认为，人的高级神经活动的类型不仅为气质提供了生理基础，也成为性格的自然基础之一。神经类型是脑活动的先天素质，性格则是在生活历程中形成的心理特征。

(二) 性格的结构类型

性格是十分复杂的心理构成物。这些性格特征在不同的个体身上，组成了独特的结构模式。

1. 对现实的态度的性格特征。人在接受客观现实时，总是以一定的态度给予反应。由于现实对象和现象的多样性，因此人对现实的态度的性格特征也是多种多样的。如对待社会、集体、他人的态度；对待劳动、工作、学习的态度，对待自己的态度等各方面的特征。

2. 性格的意志特征。人在对自己行为的自觉调节方式和水平方面的个人特点是性格的意志特征。如镇定、果断、勇敢、顽强或优柔寡断、怯懦等。

3. 性格的情绪特征。一个人经常表现的情绪活动的强度、稳定性、持久性和主导心境方面的特征。

4. 性格的理智特点。表现在感知、记忆、想象和思维等认识方面的个性差异，称之为性格的理智特征。

以上几个特征是密切联系的，一个在工作学习态度上认真踏实的人，在意志上就有较好的自制力；具有谦逊品质的人，往往情绪就比较稳定。

性格的最普遍分类，是按照个体的心理活动倾向于外部或倾向于内部，把人的性格分为外倾型和内倾型两种类型。所谓内倾型，这种人沉静、多思、反应缓慢、较孤僻。所谓外倾型，这种人开朗、活泼、情感外露、善于交际。实际上绝对外倾或绝对内倾的人是很少的，绝大多数人属于中间型。介乎于外倾型与内倾型之间。

三、气质与性格的关系

气质和性格是个性中的两个方面，它们既有联系又有区别。

(一) 气质与性格的联系

气质和性格在生理基础上有着紧密的联系，两者是相互渗透、相互制约的。一方面，正如巴甫洛夫所指出的，气质“赋予每个个体的全部活动以一定的外貌”，它能够影响性格的表现方式，使性格特征“涂上”一种独特的“色彩”。同一类性格的人，他们在处理问题的方式上，在言谈笑貌上也有千差万别。气质可以影响性格形成和发展的速度和动态。另一方面，气质本身在性格的影响下可以被改造。例如外科医生应具备沉着细致的性格特征，在形成中就有可能改造胆汁质容易冲动的特征。

就性格而言，它对气质的影响更大。气质从属于性格坚强的程度，如敏捷、热情是优点，当它受性格的意志特征制约时，甚至可以变成与性格难以区分的品质。

（二）气质与性格的区别

气质是先天的，它主要受遗传素质的决定，先天的东西是不易改变的，但又不是不能改变的，但较困难、较缓慢。性格是后天形成的，是受社会生活影响而决定的。它的改变较容易、较快。

气质没有好坏之分，而人的性格是有好坏之分的，因为它受社会制约，所以具有社会评价的意义。

四．播音员、主持人的气质性格的意义

电视播音员、主持人往往代表着一个国家及所在省、市、地区人民的精神面貌。观众视电视新闻播音为党和政府的喉舌，代言人，由于工作性质决定，对电视播音员、主持人的形象气质要求是较严格的，这是挑选电视播音员、主持人不可忽视的一个重要因素。

西方人比较开放幽默，东方民族更喜欢含蓄、端庄、稳重、大方的气质特征，这也正是对电视新闻播音员、主持人的气质要求。具有上述气质的播音员、主持人报告新闻，观众就觉得可信，有大家风范之感。

电视播音员、主持人不一定漂亮，但要五官端正、轮廓分明，朴实而不媚，机敏而不浮。

另外，各种知觉特征都与先天素质相关。如“多血质”、“胆汁质”的人，对热烈的、快节奏的新闻，就很容易产生知觉趣

味；而“粘液质”、“抑郁质”的人，其知觉趣味往往容易集中在感情比较平稳、深沉细腻的通讯、文艺稿件上。感官的接受能力也具有很大的先天性，比如有的主体的视觉感受力很强，有的听觉感受力很强。这种感官的先天条件的差异，往往会促成主体对与之相关的稿件和节目形式的知觉趣味。

播音员、主持人学会自我调节和控制自己的性格，也是很重要的。如有的播音员、主持人活跃、开朗、爱笑，她在电视新闻联播中就要善于控制调节自我，使本色有所收敛。在语言的规整性上下功夫，去适应新闻节目的庄重严肃性；而在主持文艺晚会中，又可以按节目风格显现自己的个性风格，扬长避短，充分发挥自己个性的天赋条件，以便在主持中一显身手。反之，平素沉稳端庄、不太活跃的播音员、主持人，在新闻联播中可以自然地让本色气质显露，可是遇到主持文艺类型的晚会等节目时，就要意识到自己的拘谨、撒不开的弱点与节目场合的不相适宜，就要有意识地锻炼自己，自觉调节自我，把路子拓宽，向洒脱自如努力。当然，不断丰富自己，不是用时就可信手拈来的，必须练在平时，如发现自己在专业智能结构上有不足，就要有针对性地磨练自己。不够活跃、撒不开的，可以多搞些文艺、散文、诗歌的朗诵，到社会上去参加演出，当众锻炼增强自己的表演能力。有条件的电台、电视台播音部、组，要重视培养播音员、主持人的舞台经验，开展如观摩话剧、电影、排练广播剧或开朗诵会等多种形式的活动，以增强播音员、主持人的适应能力和语言表达能力。语言欠规整的又要多向优秀播音员、主持人学习，增加对语感的悟性，大量播练新闻、评论类型稿件，以提高逻辑思维的驾驶能力。只有当自己的专业智能结构锻炼得比较全面时，才能做到自如性与归整性的统一。又例如有的播音员、主持人的气质属于不善于交际，腼腆、羞涩的，可是工作却需要他抛头露面，经常在大庭广众面前采访、转播，那就要从工作需要出发，学会限制、控制自己气质的消极方面，发展积极方面，锻炼改造自己的个性。社会环境是外因，是变化的条件，自身内部是变化的根据，所以主观的努力是关键。

性格不仅有好坏之分，而且可以改变。如有的播音员、主持人工作积极、勤奋，但固执、傲慢；有的专业智能结构良好，但工作不踏实，事业心不强等等。播音员、主持人应该培养良好的性格，这对自己、对集体都有重要的意义。一个有自制力、主动、果断、坚毅性格的人，能够很好地安排自己的生活和工作，能够正视现实、克服困难，在事业上取得成就。相反，如果缺乏良好的性格品质，就会影响学习、生活和工作。播音员、主持人如果了解自己性格中好的一面和不良的一面，就要自觉地发挥好的一面，下决心改造不良的一面，去掉性格中的消极因素。

性格的培养对于社会也有重要的意义。有的同志由于性格的关系，不能适应所处的环境和集体。性格本身就有社会适应性的一面，不具备这种品质，无法与他人合作，势必造成自己学习、工作上的困难和障碍。所以，播音员、主持人性格的培养不是可以放任自流的小事，而应把这项工作与整个集体、社会、事业的利益结合起来。

第二节　播音员、主持人的能力与修养

世界上每个人都具有自己的心理特点，人与人之间的心理特点总是存在差异的，没有心理特点绝对相同的人，播音员、主持人也不例外。播音或主持的职业特征是艺术性与新闻性兼而有之，“行当”独特，对播音员、主持人的要求就更加严格。

研究播音员、主持人的个性，提高播音员、主持人的素质与修养，对培养使用人才是十分必要的。

播音员、主持人的个性心理结构是由个性心理特征组成的，其中包括：能力、气质、性格和兴趣。

一．能力的概述

什么是能力，能力是直接影响活动的效率，使活动顺利完成的个性心理特征。能力总是在人所从事的活动中显现出某种能力，如节奏感、曲调感很强，我们可称他为具有音乐能力。有的人观察精细、思维敏捷、语言表达生动准确，我们说他语言表达能力强。缺乏这些心理特征就会影响有关活动的效率，就会使这些活动不能顺利进行。

能力又分为一般能力和特殊能力。例如思维能力、记忆力、观察力，这就属于一般能力，它们适应于广泛的活动范围。例如对茶叶品种鉴别，对不同感情色彩和分量的声音表达能力等等，属于特殊能力，它们只在特殊活动领域内发生作用。一般能力和特殊能力有机地联系着，一般能力越发展，就为特殊能力的发展创造了有利条件。在各种活动中发展特殊能力的同时，也会促进一般能力的发展。一般能力和特殊能力，都是形成才能的基础。为了完成某种活动所需的多种能力完备结合起来就称为才能。

人与人之间在能力上存在明显的个性差异。这种差异主要表现在能力的类型、能力表现的早晚和能力的发展水平等方面。男女人才的分布和成才的趋势也有差别。需要抽象思维的领域，女性分布较少，而需要形象思维和细致情感性较强的工作领域，女性的分布就较多。又如著名数学家杨乐和张广厚两人的数学才能的表现时间就不相同。杨乐在小学时候数学能力就表现出来，而张广厚小学毕业时因为数学不及格，连初中都没有考上，但他从此发愤图强，数学能力才表现出来。能力表现不分先后，成就获得有早有晚。在能力的发展水平上也有差异，表现在记忆的速度上，有人记得快，有人记得慢。表现在记忆的持久性上，有人记的东西长期不忘，有人记的东西很快忘却等等。在同龄人中也有聪明与愚笨之分，显示出发展水平的差异。

二、播音员、主持人的能力结构

艺术才能指从事艺术创作活动所表现出来的富于创造性的特殊能力，主持人临场发挥应变的能力。

播音员、主持人进行再创造的最基本的能力有如下几点：

（一）灵动的感受能力

首先表现为对语言符号的感受能力和驾驭能力，即能够在接受语言信息的瞬间，迅速把握语言符号所表达的全部意义以及感情色彩上的细微差别；又可以凭着准确、敏锐的对语感的悟性能力驾驭语言信息的发出。

灵动的感受能力还依赖于视觉、听觉、嗅觉、味觉、运动觉等感知能力的有机配合，而且也依赖于记忆、想象、联想、以及抽象概括能力。这些综合能力，通过语言文字的诱发，播音员、主持人就能敏捷地使用各种基本的心理活动能力，调动起生活记忆库存，展开想象联想。当与他的心理定向相一致，就会控制住其全部思想情感，从而与之融合，发生同感，相应的真切感情呼之欲出，这种迅速扩散性心理活动，使播音员、主持人善于捕捉到独特的感受力，使文字描述很快地深入自己的经历、情感体验，使稿件所描述的人物、景物顿时化作血肉丰满的形象充盈起来，达到物我合一。这种深思、多情善感，也就是敏锐的感受力的又一层内含，它是播音员、主持人必备的心理素质。只有这样才能热情讴歌生活中的好人好事，由衷地褒贬美与丑。

（二）敏锐的思维能力

敏锐的思维能力是指具有新闻敏感、能透过新闻事实敏锐地判断出其政治思想意义。能通过事件本身，迅速捕捉住它在全局中的地位、影响力，抓住要点，宣讲政策精神。

常听中央台总编室的同志讲，一些有功底的播音员、主持人的播音清晰、准确，该强调的都播出来了。而有些播音员、主持人声音则是亮、脆、甜，但该强调的地方都平平淡淡地过去了。为什么？这里有个政策水平的差异问题。

播音员、主持人要加强马列主义理论和党的方针政策的学习，自觉学习辩证唯物主义，只有这样才能对党的方针政策理解得深，才能自觉保持与党中央的一致，才能播出饱满的政治热情和恰到好处的政策分寸感。

播音员、主持人要关心国内外大事，有意识地积累资料。要尽可能多地随记者深入基层，熟悉群众，了解下情，遇事有敏锐的思维能力和机敏的洞察力，同时要精通编、采、播、说业务。

（三）丰厚的文化知识基础

播音员、主持人报道的内容涉及各个领域，天文地理、科技、文教卫生、文学艺术无所不包。这就要求播音员、主持人加强文化修养，扩大知识面。知识储备含量越高，素质才可能愈高。形象思维好的播音员要加强逻辑思维训练；主持人的思维能力更要迅捷，临场发挥准确、到位，这就必须要文化底蕴深，才能厚积薄发。

能力是知识的外化、行为化，没有能力常常是缺乏相应的知识，这将被淘汰，所以要多学习文、史、哲、经济学、教育学、社会学、心理学，使之有所积累，扩大文化信息量。才能积蓄愈丰，蕴含愈深，为创作的自由驰骋增翅添翼。

（四）娴熟的语言表达能力

能力必须有专业基本功，用气发声的训练和语言表达，只有日积月累的训练方可做到。

我国晋代文论家陆机说，“恒患意不称物，文不逮意，盖非知之难，能之难也”。运用媒介进行传达的能力，涉及到播音员、主持人掌握和驾驭媒介的技巧的熟练程度。有声语言的表达要经历一个感情体验到语言体现的过程，当我们对作品有了深刻理解、感受之后，还要转化为有声语言及于听众，这就如画家画竹，只有“胸中之竹”还不行，胸中之竹还必须靠“笔下之竹”的技术，像用笔、用墨、手腕，甚至运气等的功夫体现出来，跃然纸上。为什么有些诗人作家读自己的作品，尽管是情满于怀，却不如有造诣的播音员、主持人朗读他的作品，更能收到感染人的效果。这里有语言表达功力问题，语言表达功力好的播音员、主持人能给稿件润色升华，锦上添花；反之则减色。这就不难理解编辑记者点名挑人去播重点稿子的用心了。

有稿时能播得锦上添花，明白、流畅、自如，无稿时能快速组织语言，应对得体，机智幽默，出口成章，口齿清晰伶俐，声情并茂，富于感染力，才可称为具备了娴熟的语言表达能力。

三．播音员、主持人能力的培养

播音员、主持人谁都想使自己成为专业技能强的行家里手。那么能力怎样才能得到发展？能力发展要有一定的条件，这可以从几方面谈起。一是素质条件，二是环境、实践与教育，三是主观自身条件。

（一）素质条件

素质有天赋素质和后天习得。天赋素质是指先天素质，如一个人的音质、音色，即发音过程中持续表现出的具有个人风格的声音特点，如“明亮的”、“宽厚的”或是“沉闷的”、“窄细的”等等。还有外貌、形象，如天生的五官端正、眉清目秀、聪颖、敏锐或五官搭配不协调、愚笨、滞钝等。

素质是能力形成和发展的自然前提，离开了这个前提，就谈不到能力的发展。沙嘶劈哑的声音难以发展播音能力，五官不端正的人也难以成为电视播音员、主持人在语言的悟性上也有灵敏与木纳的差异性，所以选择播音员、主持人时，由于“行当”的特殊性要求，要重视天赋素质，因为它是可塑性的参照系数。

素质本身不是能力，也不能现成地决定一个人的能力，它仅提供一个人能力发展的某种可能性，只有通过后天的教育和实践活动，才能使这种发展的可能性变为现实性。

素质与能力也不是一对一的关系，同样的素质基础上可以形成各种不同的能力，同一种能力可以在不同素质基础上形成，这完全取决于后天的条件。即使在某种素质方面存在着一定的缺陷，还可以通过后天努力，使有关的能力发展起来。

（二）环境、实践和教育

素质差不多的人，其能力发展所以有差别则是由环境、教育、实践活动所造成的。能力的形成和发展，是由许多因素共同起作用而实现的，是在外因和内因相互作用下形成和发展起来的。例如著名桥梁学家茅以升先生的孙女茅为惠出生在音乐之家，父亲任教于上海音乐学院，母亲是小学音乐教员，小惠惠是在琴声中长大的。本来全家希望她继承爷爷的专业，然而这种想法很快被爷爷送的生日礼物，一把小提琴改变了，爸爸、妈妈及同事发觉为惠对于音乐具有敏锐的感受力，尤其使人惊讶的是她有两只听觉敏锐的耳朵，爸爸在钢琴上弹一个音，为惠立即能在提琴上拉出来，非常准确，到后来，爸爸几个手指头同时按下去，弹出一个复杂的和声，为惠也能一一辩出，分毫不差。这例子说明家庭熏陶，兴趣始然。一个人的素质固然很重要，但是它只为能力的发展提供了物质基础。超常的能力不是自发出现的，它是家庭、社会和教育部门精心培育的结果。有的学生，虽然其母是从事音乐工作的，但本人较浮燥，不喜好，而有的学生，爱好弹琴唱歌，人又踏实，勤奋、刻苦，积累了对音乐、对艺术的感受能力，语言悟性也好。

能力是掌握知识和技能的必要前提。同时，掌握知识、技能的过程也会促进能力的进一步提高。任何人的才能都是经过刻苦学习而达到的，知识和技能是能力形成的基础，并能促进能力的发展。天赋平平，环境一般，但在选定的事业上，自强不息，锲而不舍地奋斗，倒可能成为有能力有作为的人。酿酒工人的嗅觉发达，可以通过嗅觉就能判断产品的等级和酒藏了多少年头。音乐家的音乐听觉和旋律感觉能力，播音员、主持人的临场发挥能力，这些都是实践学习积累的结果。总之，能力是在人的活动中形成和发展起来的。一个人的能力水平与所从事活动的积极性成正比。

(三) 主观自身条件

1. 专业志趣

专业志趣，往往起始于兴趣。当人对某个目标有了较浓厚的兴趣时，往往会产生克服困难的无比勇气和力量，培养出坚韧性、耐久性等良好的意志品质，激发积极向上的情绪，从而在专业实践中持久发挥作用。巴尔扎克青年时代违抗父母的意愿，宣布自己要当作家不当律师，招来父母的百般阻挠、精神折磨和经济压制。但是，巴尔扎克有不屈不挠的抗阻力，对母亲有意用经济办法惩罚他所带来的忍饥受冻的困难处境毫不介意，着魔似地投身于写作，动辄三四天不离屋。他就是凭着这顽强的精神，历尽艰难，终于显露出他的天才，用笔完成了拿破仑用剑所未能完成的事业。以他的《人间喜剧》在文学史上为自己建立了丰碑。这种坚定的自我强迫的力量，专业的志趣是获得成功的主观条件。

2. 执著追求的精神

广播电视面临改革的浪潮，从业者都在思索怎样跟上改革的步伐，适应改革的形势。在思考之余，一些人就行动起来，一旦动起来，就全力以赴，连走卧起坐都在琢磨探讨。这次走在改革前列并被广大受众所承认所热爱的金话筒大奖获得者们，他们用自己的行动，执著追求的精神摘取了改革的硕果。虹云苦苦思索

《午间半小时》的播音该是什么样式，用各种播读方式录音，征求意见，反复切磋，最后摸索出“小音量、近话筒”的交谈式播讲。徐曼面对《空中之友》，想着办此节目的宗旨和特定对象，怎样才能在不知不觉中讲祖国的变化、面貌、政策。她说：“每当我走进播音室，都感到走进了一位台胞朋友的家作客，和他们谈心。”由于她的勤奋探索，勇于实践，摸索出一对一的语境，用第一人称以问寒问暖的生活中随意谈话的方式播读，受到广大台胞的好评……还有赵忠祥、余声，他们的主持各有特色和风格。从走在改革前列的同志身上，我们不难发现他们的共同特点。就是对事业的热爱和执著追求的开拓精神。这种精神突出地表现在：不怕困难、主动探索，探索艺术表现的新方法新形式。不受即成模式的束缚，敢于走自己的路，富于开拓。他们能客观正确估量自己，用己之长，舍己之短。

四. 播音员、主持人的修养

修养是指个人在理论、思想、艺术和知识技能方面经过长期锻炼达到一定水平。而播音员、主持人个性结构中最活跃的因素就是个性倾向性中的兴趣、理想、信念和世界观等，它是进行活动的基本动力。在个性倾向性的诸成分中，世界观属于最高层次，它决定着一个人的总的思想倾向。

广播电视每天都用大量事实宣传党的路线、方针、政策，宣传四化建设，鼓舞和教育人民进行两个文明建设。播音员、主持人站在宣传第一线，通过有声语言直接向广大受众传播信息，给人以启迪、鼓舞、激励、教育。

教育者先受教育。个人的世界观涉及一个人的知、情、意各种心理活动，是人的举止的最高调节器。个人的世界观又受阶级的世界观的制约。对播音员、主持人来说，要宣传好人好事，首先要学好人好事。因为播音员、主持人的思想感情要渗透在有声语言里，真情实感才能感动受众。如果是虚情假意，就会令人厌恶，所以真情实感是播音的生命。

而真情实感又受个人的人生观、世界观制约。一个人怎样看待人生的价值，想怎样度过自己的一生？这是决定一个人行动的总的指导思想。对苏州青年女工杜芸芸自愿向国家捐赠遗产的举动，在社会上有截然不同的评价。有人认为是傻瓜，是吃亏。有的认为是最高尚的美德，体现了人生真正的价值。如果持前一种看法，又怎么能由衷赞颂杜芸芸的举动呢？

在报道女医生李月华高烧 40℃ 时，还坚持着为人接生的事迹，不相信这是真的，不能理解为了救死扶伤，一个人能产生顽强意志的精神力量，又怎么能讴歌李月华的感人事迹呢？这样的播音又怎么能做到与英雄人物同呼吸共命运呢？一个合格的播音员、主持人必须努力把自己的理想与国家前途和人民的命运联系在一起，时代的要求，人民的要求，就是他们行动的出发点。世界观是个性倾向性的集中表现，它影响人的整个精神面貌。这就要求播音员、主持人在进行创作时，首先要站在党性和党的政策立场上去看问题，在政治上要与党中央保持一致，满腔热情地为党和人民的事业而奋斗。

播音是新闻工作性质，播音员、主持人是党的宣传员，他可以通过国家电台这个强大的现代化的传播工具向全国甚至全世界讲话。电视播音员、主持人是党和政府的代言人，工作性质决定他（她）可以借党的威信作宣传，容易出名。这是播音员、主持人的职业特点。在这样一种特殊环境中工作，播音员、主持人要牢记自己是新闻工作者，是党和人民的喉舌，要廉洁奉公、全心全意为人民服务。决不能利用手中的话筒谋私，为个人私利宣传。播音员、主持人要有良好的品德。是群众的知心朋友，我们只能热心为听众、观众服务。

第十章 播音员、主持人的管理心理学问题

播音员、主持人管理心理学研究的一个重要内容就是播音员、主持人的培养与使用的心理学。它包括以下方面：选拔、培养、使用、管理等问题，进行此方面的研究对发现人才，提高工作效率，提高领导水平，都有重要意义。

第一节 选拔及选拔中的心理学问题

一、选拔及其心理

各行各业都需要有才能的人。但是不同的行业，要求具有不同才能的人。播音行业对人才选拔尤其注重音质、口齿、普通话、语言表达和适应能力等素质和条件，如普通话语音准确，吐字清晰，声音圆润、响亮，无口吃，还要有一定朗读能力和即兴评述能力。如果连起码的条件都不具备，那么再高明的教师也将会感到束手无策，无能为力。所以具备专业素质和条件是选拔播音人才的不可忽视的一步，这是能否使之成才的关键。

在测定一个人的天赋条件时，也就是对考生进行选拔时，多依靠参加选拔的教师的经验和洞察力，采取相互比较的办法进行

选择。广播学院的招生工作是这样，用人单位的选拔也大同小异。

招生考试分初试、复试。

参加初试的考生自备朗读材料（诗歌、小说、散文等文学作品），朗读作品的时间不超过2分钟；

考生除朗读自选材料外，还要朗读临时指定的稿件，回答主考的提问。

在鉴定专业素质时，要注意不仅看结果，还要看潜在可能性。有的考官往往把在有经验的教师帮助下形成的熟练的表达看成是天赋的表现；或者把专业上缺少帮助的看成不具备条件，这样的认识往往给人才的选择增加干扰，导致作出错误结论。遇到此种情况，主考老师可以变换或增加内容，全面客观地检验考生的才能。对有些考生基本素质可以，但有些毛病，可以当场指出，并教其纠正方法，从中观察其可否纠正。

初试合格的考生可以参加复试。复试要选拔准备录取的考生。考试委员会由用人单位派经验丰富的播音员、主持人和学院有经验的教师多人组成，几位考官同时给同一个考生打分写评语，采用较高的考试标准，再次对考生的素质条件进行测验。

选拔出来参加复试的考生，还是自备朗读材料（诗歌、小说、散文等文学作品，时间不超过5分钟）；朗读临时指定的稿件；还要当场抽题，即兴评述3分钟（给5分钟的准备时间）。复试与初试不同的是增加了进播音室录音。再次检验通过话筒传导出的音质如何？然后请考生当面朗读再当面听，多方面进行考察。即兴评述，一是看其文化水平，二是看口语表达能力，还可以审视最自然的用声状态和吐字习惯，这样，才有可能对考生的专业素质作出比较正确的判断。

复试合格者，还要参加全国高等学校统一考试。

被学院录取的考生有一年的试读期。试读期间，要对学生专业上是否合适，思想道德品质如何，身体健康状况等作出结论。在试读期满后，合格者正式办理学籍手续转入二年级学习，试读不合格者取消学习资格，退回原单位。

学院对考生进行精选，提出严格要求，花费大量时间与精力，意在选择好苗子，经过辛勤培养，使其茁壮成长，为全国广播电台、电视台输送合格的德、智、体、美、劳全面发展的播音员和节目主持人。

这里要特别提及选拔工作中要注意的心理学问题：一方面是考生怯场问题；另一方面是影响选拔的心理因素。

二、影响选拔的心理因素

（一）考试怯场

这是考生最头痛的问题，为此他们不能正常发挥展示自己的长处，就被淘汰。考生怯场的具体表现：心理高度紧张，焦躁不安，表现出心跳加快、口干舌燥、声音发颤、四肢僵硬、出冷汗等等。这些反应常使考生精心准备的一切化为乌有，令人懊丧。

引起怯场紧张的原因有：

1. 适应力差

气氛严肃紧张的考场，使考生感到陌生，对环境对人都不熟悉，容易产生紧张心理。以至脑中出现一片空白，思维滞涩。

2. 自卑

平时缺乏锻炼，对应考的内容准备不充分，临场时觉得自己不是“这块料”，因缺乏信心而胆怯自卑，甚至形成“我考不上”这样的先入之见。

3. 来自考官的压力

如“考官对我怎么评价，……”“为什么让我读一段，而不是全篇”等等杂念干扰着考生，使注意力集中不到所播内容上，考官的态度可使考生产生直接的心理压力。

4．自身性格的弱点

一般粘液质、抑郁质两种气质类型的人往往性格内向，易受暗示，腼腆羞怯，尤其是在“当众——考官”面前表现自己，往往怀有恐惧心理。

那么，如何避免过分紧张的心理？

1．准备充分。拿到播读的稿件不要反复一遍遍读，应静下心来聚精会神地阅读，先弄清稿件中讲的是什么内容，思维清晰到放下稿件也能复述出所播的内容，在此基础上进一步开掘其主题思想，段落层次重点所在，经过分析再上口轻声朗读。有备必自信。

2．增强自信。报考播音专业，首先要了解具有什么特长的人才适合报考，不能盲目报考。临场要沉着大胆，要充满信心地向考官展示你胜于人的长处和有利条件，把你所朗读内容的感情释放出来，蛮有兴趣地说给人听。把“考官”当成从没有听过又很想听你讲的听众观众。当出现紧张时，可以自我暗示：“我会很好地发挥。”

（二）影响考核的心理因素

人的一切活动都离不开心理支配。而消极的心理因素会影响考核的效果，下面分别加以分析，力求避免。播音教员、播音员、主持人在对考生考核中更要注意避免消极心理因素造成的考核误差的出现。

1．晕轮效应

晕轮效应也称以偏概全。如某人“人际关系”好，随和，不得罪人，或在某项工作中成绩不错，在这种情况下，考核对象的缺点及不良品质可能被忽视或掩盖，甚至还可能人为地赋予其某些实际并不存在的优点和业绩。相反，一些性情急躁，处事不大讲究方式方法，或由于特殊原因偶尔造成某些工作失误的考核对象，使考核者反感而出现以点盖面，把被考核者的缺点不断泛化，甚至可能人为地否定实际存在的长处和取得的成绩，影响考核的效果。

2．情感效应

情感效应是指考核者在考核中以情感为转移的心态参与考核，而影响考核效果，如以好恶论人。考核者与被考核者的感情好，往往自觉或不自觉地将被考核者的成绩评价得偏高，如感情不好，考核的评价偏低。又如以情绪的好坏论人。考核者心境好，评分中对错误也宽容，分数也给的松；考核者心境不好，借评分来发泄，使考核失真。

3．暗示效应

暗示是人们的特殊心理现象。在考核过程中，领导者、权威、老同志的只言片语中有意无意地对他人的心理和行为发生影响，使他人接受暗示。暗示效应对考核工作带来的消极影响是十分明显的。

4．集中趋势效应

集中趋势效应是指在一个组织考核工作中，当一部分被考核者的综合评价分数差距不大，难分高低，相对集中在某一范围时，使考核者产生一种不愿就其做进一步的优劣区分的心理效应。这多是考核者为了避免被考核者的不满而不愿作出明确优劣的区分，出现了模棱两可中庸平稳的评价。

5．首因效应

第一印象所产生的作用称之为首因效应。第一印象主要获得对方的气质、谈吐、姿态、身材、仪表、年龄、服装等印象，这种初次见面的印象在对人认识中发生很大作用，但不可靠。第一印象产生的消极心理主要表现是：一．以貌取人。考核者看到对方长相端正、风度翩翩、举止大方，心中有好感时，被考核者的优点易被发现，缺点易被忽视；若看到考核对象相貌平平，缺乏热情，蔑视之情也随之而生。二．以己取人。考核者往往以自己的尺度去衡量别人，如以自己的兴趣、观点、思想水平去衡量对方。倾向于喜欢在某些方面与自己相似较多的人，而不喜欢与自己相似较少的人。考核者与被考核者相似的因素越多，则给考核者的印象就越好，反之印象则差。三．以利取人。无论是哪种利益，都是建立在“互惠性”原则基础上，通过交换社会行为而实现的。在首因效应作用下导致考核者认识偏差，使考核失误。考核人员自觉克服以上种种心理因素的干扰，就可以使选拔工作趋于客观公正，减少人为误差。

第二节　培养与教育

一．培　养

经过严格筛选，将那些具备播音条件的考生择优录用，进到学院或电台、电视台后就要接受正规的训练。好的先天条件并不一定能产生好的嗓音和表达，只有在科学的锻炼中使播音刚柔并济、纵收自如，成为表情达意富于艺术魅力的宣传员。在发声条件上人各有差异，教师根据每个人的发声条件，指导其科学地锻炼嗓音，一方面注意纠正其发声缺点，同时要发挥每个人的长处。对于形象思维活跃、感受力强的人尤要加强逻辑思维和语言规整性的锻炼，对逻辑感受强的人又要诱发其形象思维，训练其对各种情感的敏锐感受。在注重语言功力打基础上，还要训练播音员、主持人的变化性与适应力。

在进行常规训练的同时，要注意尖子生的培养。尖子生是指目前还没有做出显著成绩，他们属于“潜人才”，很有可能在以后的工作中早成才。这些尖子生的主要特征一是先天条件优越，有灵活敏锐的思维。二是有较高的创造热情和较坚强的意志力，非智力因素发展水平较高。

(一) 知人善用

人的能力差异是客观存在的，只有知人善用，才能提高效率。

不同节目对播音员、主持人的选择要求也各有不同，只有知人善用，才能提高工作效率。人的能力差异是客观存在的，有的人擅播政论性节目，有的人专攻文艺类型主持，当然这是指在条件允许的情况下，尽量做到知人善用，条件不允许时，那就要服从排班需要，尽最大努力完成各类节目的播音。播后总结不足，继续练功提高技术水平，尽可能地使自己的技术水平全面发展。不能全面发展时，也要在都拿得起来的前提下向专长方面发展。

至于播音创造中的个性显露，这与播音的独特感受和表达方式是分不开的，同一个节目不同的播音员、主持人播出的风格各异。这里有审美情趣问题，也有用人得当与否的问题，当个人特性与节目形式相吻合时就会相得益彰，反之，就会事倍功半，后一种情况和用人得当与否不无关系。

(二) 因材施教

播音员、主持人，尤其是电视播音员、主持人是在受众的评议中成熟起来的，播音员、主持人首先要能正确地对待来自各方面的批评与表扬。做不到闻过则喜，但至少要做到遇到批评不气馁，听到表扬不飘飘然，把批评与表扬都看成受众对广播电视事业的关心热爱和对播音员、主持人的鞭策激励，从中吸取营养。对待苛刻的意见，要扪心自问，若是自己尽心尽力了，那就随他去，要引以为戒。对过高的赞誉冷静处之，保持清醒的头脑。

对集体中的成员做思想工作时更要因个性差异因人制宜。胆汁质类型的人情绪激昂、精力旺盛，在工作中要发挥他们的热情。他们敢于冲锋陷阵，能完成紧急艰难的任务，同时要保护他们的热情。但胆汁质类型的人脾气暴躁，火爆性子，要引导他们尊重别人，尊重合作者，遇事要力求冷静，要努力控制冲动。对他们做思想政治工作要注意方式方法，批评要中肯，这样严厉才能起到作用，轻描淡写是不易奏效的。

多血质类型的人活泼好动，精力旺盛，闲不住，善交际，注意力易转移，对这种类型的人要放手让他们多做些社会工作，发挥其所长，但在备稿训练上可以交给急稿，临时任务，以锻炼其高度集中注意力于内容的能力。

对粘液质、抑郁质类型的人批评时，要讲究分寸和方法，多以委婉、含蓄为好，因为他们感情脆弱，耐受性低，对挫折容忍度小，又不易暴露自己的思想，较孤僻，应该体贴送温暖给他们，以鼓励为主，批评要慎重。

对形象思维不够活跃的播音员、主持人，要创造条件让其增加看影视剧看展览的机会，从中去增强体验感受。对逻辑思维欠缺的播音员、主持人，则要加强形式逻辑、语言链条的承续性的培养；对理解力强又勤奋的可以加大培养步伐，对悟性稍差的可增强示范和比较鉴别，以增强可感性。

总之，每个人的才能有高低之分，领悟有疾徐，气息有深浅、刚柔之分，没有对个性的估量，就谈不到因材施教，量才使用。

对学生要因材施教，但又不能一刀切，不然尖子生就会感到因吃不饱而出现退坡现象，对尖子生要加强难度，大运动量训练，并侧重于独立解决问题的能力培养上。

在职人员的人才培养既严格要求，又要放手使用，不论资排辈，尽力创造条件使其尽快成才，精心爱护，不求全责备，用其所长。

二.教　育

无论是岗位培养，还是学校培养，人才教育除了专业教育外，还有品德教育，目的是向社会输送德才兼备的人才，为此要循循善诱。人才在成长中，首先要抓住动机、事业心、责任感的培养与教育。

（一）动机

是直接推动个体活动以达到一定目的的内部动力，个人的一切活动都是由一定的动机所引起，并指向于一定的目的。动机是个人行为的动力，是引起人们的活动的直接原因，它是一种内部刺激。

个人怀有某种动机之后，能对其行为发生推动作用，表现为对其行为的发动、加强、维持，直至中止。如为了成为合格的播音员、主持人，而刻苦练声，可以冬练三九，夏练三伏，持之以恒，从不间断。缺乏动机的同学看着人家练声自己也练，但不明确行为的意义，行动上就缺乏恒心，天冷懒得起床，天热又怕辛苦，练声、练技能就会三天打鱼两天晒网。

具有某种动机的个人，在正确方向指引下，动机越是强烈，行为越具有积极的社会意义。

动机是制约个体活动效率的因素之一，单有能力而缺乏动机或动机强度不够都无法高效率地完成任务。

例如《龟兔赛跑》的故事，乌龟象征动机强烈，兔子象征能力高超，最终是乌龟先于兔子跑到终点。说的就是动机比能力更重要的道理。

在目前的社会生活中激发人们的动机，还存在很大的潜力。换言之，人们有许多潜在力量尚未被激发出来，据统计，普通人“只使用了头脑和身体资源中的极小一部分”。如果职工受到充分激励，则其能力可以发挥 80－90％。这说明其中有 50－60％的能力，是可以通过激发动机递增的。

（二）动机的复杂性

动机十分复杂，如人们学习播音技能的主导动机，是要成为电台、电视台的一名播音员、主持人；在学习过程中，支持其学习活动的主导动机可能是对专业的兴趣；在学习考核阶段，支持其学习活动的主导动机可能是为了争取获得好成绩；在学习结束阶段又会产生与个人志愿有关的其他主导动机，也就是说在不同的阶段起主导作用的动机可以相互转化。

另外个体口头表示的动机往往是不真实的，个体为了免受他人非议而采取一种策略，将真实动机掩盖。如有人学习争名列前茅是为了想到中央电视台工作，但感到这种“赤裸裸”的动机不便于说，于是说“为了四化建设”等等。

此外，个体头脑中实际起作用的动机与其本人所明确意识到的动机也往往不一致。如儿童做个好学生，可能是为了讨家长喜欢，为了不受责备等，这种动机也许并没有被他们明确意识到。

（三）动机由需要所激发

个体在生理上有对食物、水、氧气及避开有害刺激等的要求；在心理上有对友谊、自尊及求知等的追求，这就是需要。

当个体需要得不到满足时，个体内部就会处于一种焦虑状态，这种心理上的焦虑就成为一种刺激作用于自身，变成一种推动力量。这种推动力量也称为内驱力。个体受到自身内驱力的作用，从而导致某种行为的发生，于是其需要得到满足。当然我们应该提倡从人民的、国家的、民族的利益出发的动机，而摒弃从个人私利，损人利己出发的动机。

所以，从激发个体行为的作用与性质看，动机与内驱力是同义词。

需要激发动机，动机推动行为，然后又引起新的需要，进而激发新的动机，又推动新的行为……。如此循环往复，以至无穷，使个体的心理水平达到更高的境界。责任感或事业心，在一定条件下，也是推动人们以饱满的热情从事活动的动机。

事业心是对自己的工作充满着热爱的感情。当一个人选择了某一种事业后，热爱它，不屈不挠，愿为它做出成绩，奉献终生，这就是事业心。在播音队伍中有不少老同志给我们做出了榜样，他们辛辛苦苦不分昼夜和节假日坚守在播音岗位上，三九天，当人们还在酣睡中，他们已经冒着凛冽的寒风去上班，在人们吃早饭时打开收音机，能准时无误地向听众及时报道最新消息，传播各方面的知识，给人们以激励鼓舞。

只有事业心强的人，才会自觉地为其事业而努力学习、刻苦钻研；有了事业心，工作上就会兢兢业业，自觉遵守工作制度和纪律，只有事业心强的人才会永不满足已取得的成绩，潜心思索，探求新的突破。只有为播音工作不断完善而尽心尽力的人，才会产生职业的自豪感和献身精神。

真正的事业心应建立在正确的基础之上，那就是要与国家的前途和人民的需要联系起来。如果你看到由于你的工作使某些听众增长了知识，受到了鼓舞，满足了需要，你就能看到自身的价值，看到自己所创造的精神财富，从而更进一步认识到自己工作的意义，感受到从事这项工作的乐趣和幸福。

有了事业心才会有强烈的责任感，播音员、主持人在话筒前的形象是党和国家的代言人，是人民群众的知心朋友。责任感强，对待工作就会积极主动，一丝不苟，准确无误地播出。

播音员、主持人是电台、电视台工作环节的最后一环，直接与受众见面，容易受到表扬和批评。播音员、主持人能否正确对待是个重要问题，播音受到人们的评论，这是改进工作的开始。当播音员、主持人听到表扬时，应想到这也是编辑等同志的功劳，自己总结经验时就会冷静处之，力求更上一层楼；听到批评时要认真分析，找出问题所在，吸取教训，对苛刻的批评也要正确对待，不必形成精神负担，要拿得起放得下，要有宽阔的心胸，把批评当成动力而不是阻力。胆怯会熄灭人的创造动机和热情，阻碍人的创造性思维和想象的发挥。具有固执与偏见的人难以进步，难以与人相处。

第三节　播音主持工作的管理

在管理中影响集体成员积极性的最终因素，并不全是金钱和物质报酬的多少，主要还是集体之中的人际关系，以及人们对待集体和工作的态度与感情。所以在现代管理工作中，普遍地比较重视通过关心人们的生活，满足人们的精神和情感上的需要来激励人们的积极性。

一、人员结构

集体，在这里称为“群体”更确切。为了达到特定的目标，由两个以上的人所组成的相互依赖、相互影响的人群结构。播音群体的结构构成对这个群体的工作效率是有很大影响的。成员的成分，一般是指成员的年龄结构、能力结构、知识结构、专业结构、性格结构以及观点和信念的结构等。群体成员搭配得当，会使集体紧密团结，协调一致，工作效率提高，反之，成员搭配不当，会使群体涣散，经常发生冲突，工作效率降低。

在心理学中，对群体结构的研究，最常见的是把群体结构分为同质结构和异质结构。所谓同质结构，是指群体成员在能力、性格、年龄、知识等各方面都比较接近。所谓异质结构，是指在上述各方面都迥然不同。播音部的各个班队，学院的各教研室的成员组合最好成梯队队形分布，也即异质结构组合为最佳。一个团体内领导班子应老、中、青三者结合，相互取长补短。

二、群体凝聚力产生的条件、作用

群体的凝聚力乃是群体成员发生作用的所有力量的汇合。一个群体是否具有凝聚力，取决于群体本身和它所处的情境。

（一）目标整合

群体是由不同的个体组成的一个整体，整体有整体的目标，个体也有个体的目标，两者的目标如能够统一起来，保持一致，称目标整合。

目标整合原则指两方面：对团体来说，总目标应该满足个体的需要和愿望，使个体目标在团体内得以实现；对团体成员来说，各个个体目标必须与整体目标一致，或趋向于统一，当整体目标和个体目标发生矛盾时，应以整体利益为重，修正个人目标，甚至牺牲个人目标以顾全大局。

（二）志趣相投

志趣相投是指成员在动机、理想、志向、信念、兴趣、爱好等方面基本一致。而上述心理品质是个性心理结构中的重要组成部分和最活跃的因素，是个人行为的内在动力和个人积极性的源泉。

志趣相投是价值观念的一致，使群体成员对于那些对整个群体有意义的事物，在意见、评价、目标、观点方面保持一致，从而增强群体的凝聚力。

（三）心理相容

心理相容是指团体中成员与成员，成员与团体，领导与群众及领导者之间的相互吸引，和睦相处，相互信任，相互支持。若是不相容，则表现为相互排斥，相互猜疑，相互攻击，相互歧视。

心理相容是团体团结的心理基础，也是实现团体目标的重要保证。

心理相容可以为创造性活动提供积极乐观的心理气氛，使成员保持良好的心境，有利于发挥人们的主观能动作用。在心理相容的气氛中，人际关系融洽，大家可以充分发表自己的意见，而不必有任何顾虑；人人心情舒畅，从而能全力投入工作，不会受到心理上的干扰。否则，成员之间将会相互设防，关系紧张，矛盾重重，貌合神离，把时间与精力消耗在无原则的纠纷之中。

总之，群体成员之间在心理上是否相容，直接影响群体的凝聚力。

(四) 互补

一个团体内，每一个成员所要完成的工作任务是不同的，因而，既需要具有不同智力水平的人们，也需要具有不同智力结构的人们共同协作，取长补短，才能增强群体的凝聚力。

群体成员在智力、性格、气质、性别和年龄等方面若能互补，则往往会增强群体的凝聚力。往往具有相同性格与气质的人反而合作得不好，而不同性格与气质的人在一起却合作得好，因此互补能使心理气氛和谐。

(五) 凝聚力的作用

群体的凝聚力对群体及其成员发生的作用表现为群体对成员的控制力量的增强，群体成员的自信心与安全感的增强，成员之间的人际关系的协调一致等。

1. 群体的控制力强

在凝聚力强的群体中，成员都愿意留在自己所属的群体中，怕被排斥于群体之外，因此容易接受群体的监督控制，遵守群体的规范，积极参加群体组织的活动，承担群体规定之任务，努力实现其共同目标。

成员为了保持与群体的一致性，在遇到群体舆论的压力时，容易产生从众行为和服从行为。

凝聚力强的群体能控制成员的行为，对群体工作效率有很大影响。要提高任何一个群体的工作效率，最重要的是要引导群体向正确的方向发展。若方向不正确，群体凝聚力越强，小团体主义倾向越严重，反而会阻碍群体的工作效率。

2．群体成员的自信心与安全感增强

在凝聚力强的群体中，各个成员之间观点一致，关系融洽，相互支持，从而在心理上增强了自信心与安全感。

三．领导者的素质

领导者的素质包括政治品质、知识水平、实际能力，个人气质、性格和自我意识等内容。

（一）政治品质

政治品质。这是做播音领导工作的最根本条件，它含有政治表现、工作作风、思想意识和组织纪律等内容。

1．政治表现

就是一个人在过去和现在的历次政治斗争中是否立场坚定、旗帜鲜明，特别是对党的十一届三中全会以来的路线、方针、政策的态度是否坚信不移。在政策性方面，是否能全面理解正确执行党和国家的各项政策，是否有较高的政策理论水平。

2．工作作风

就是讲民主，遇事与群众商量，虚心听取群众的意见，自觉地接受党和群众的监督。工作中密切联系群众，善于集中正确意见，反对不良倾向。对自己的工作主动积极，尽职尽责。对同志做到全心全意，以诚相待。

3．思想意识

为人正直，诚恳，富有自我牺牲精神；在事业上是否勇于进取；在原则问题上光明磊落；在心理的相容性上，能够做到严于律己、宽以待人，善于团结不同意见的同志一道工作。

4．组织纪律

指立场、信仰坚定，组织观念牢固。

（二）知识水平

一个领导者必须具备一定的马列主义基本理论，精通自己所从事的专业，并有独立的见解，同时基础文化理论知识雄厚，通晓人文科学知识。

(三) 能力

1. 较强工作能力，是各方面工作获得较高效能的重要保证。

2. 组织能力要强，知人善任，才能量才使用，各尽所能。

3. 决策能力是领导者的知识经验、观察力、思维能力、意志等因素的高度综合表现。当行则行，当止则止，当赏则赏，当罚则罚，及时抉择，不误时机。

(四) 修养

1. 宽容大度

宽容是对人关怀、爱护与体谅的高尚品质。具有宽容精神的领导者，在处理人与人关系的时候，善于同别人实行“心理位置交换”，即能站在对方的立场上，设身处地考虑问题。领导者的宽容精神能给下属以良好的心理影响，让人感到亲切、温暖、友好，获得心理上的安全感，增强相互间的团结，提高心理相容的水平。领导者只有具备宽容精神，才能调动一切可以调动的积极因素，化消极因素为积极因素。

2. 谦逊与谨慎

领导者待人接物要谦逊谨慎。要力戒骄傲自满，成绩面前不居功，错误面前不文过饰非，主动承担责任，才能获得尊重与信任，领导工作才能顺利开展。

3. 大公无私

这是领导者最重要的心理品质。领导者大公无私，既能充分调动自己的一切智力因素，又能充分发挥大家的智力效能。只有大公无私才能一视同仁，使集体的心理气氛融洽、和谐，从而提高集体的心理相容水平。只有大公无私才能坚持原则，赏罚分明，使集体组织纪律严明，形成良好风气。

四．思想政治工作和业务管理中的心理问题

（一）思想政治工作中的心理学问题，有助于思想工作科学化，有助于提高思想政治工作的效果

播音工作要三班倒，因此播音员、主持人的工作时间也以班队为单位早、中、晚班轮班，貌似散实则时间观念极强，凡经过直播锻炼的播音员、主持人在生活中一直保持着遵守时间的好习惯，几乎能做到分秒不差。

播音工作容易扬名，就更要谦虚谨慎，注意自我评价的控制能力，防止自我估价的偏颇，导致“我行我素”。

思想政治工作主要是解决人们的思想认识问题，这就要实事求是，要调查研究，针对播音员、主持人或播音教员心理特征做工作。比如自评定职称以来，并不是每个人的需要都能得到满足，得到实现的。这当中并不尽如人意，其中有个人原因，如能力水平、努力程度等问题，但也有人为的客观因素引起的，如“僧多粥少”人际关系等等的干扰。

对于目标不能实现，得出的感受也不同，这与一个人的抱负水平有关。当一个人对自己所要达到的目标要求得高，表明抱负水平高。如果抱负水平过高，自我估计过高而不能实现时，就容易产生挫折感。另外，个人的容忍力不同，人们对挫折感受的程度也会不同。有的人能忍受严重挫折，毫不灰心丧气，有的人遇到轻微的挫折就会意志消沉。对挫折的容忍力受到个人的生理条件、过去的挫折经验以及个人对挫折的主观判断的影响。身体强壮的人比体弱多病的人更能容忍挫折，生活中历尽艰辛的人比一帆风顺的人更能忍受挫折。

人在遇到挫折后所表现出的反应是各不相同的。有的能向挫折挑战，百折不挠，有的则一蹶不振。

（二）挫折后的行为反应，可分为情绪性行为反应和心理防

卫方式两类

不同气质类型的人，在挫折面前的常见行为和反应方式是不同的。如胆汁质类型的人，一旦受挫，便会引起愤怒的情绪，随之发泄，这就是攻击。攻击反应实质是一种迁怒行为，是一种消极的心理防御机制。但是它可以使愤怒情绪转移、泄出，心境得到一定平息。所以，做思想政治工作，要正确认识这种现象，既不应将其看得过重，也不要放任不管，要注意引导。

一般来说，人们在学习和工作中遇到挫折而产生焦虑情绪，这是普遍现象，适度的焦虑对学习和工作有一定的积极作用，这是因为一定程度的压力感能增强人的工作效率和积极性。过度的焦虑和过于持久的焦虑就会损害人的正常心理活动，导致心理疾病，从而严重影响工作、学习和正常生活。如果挫折的打击来得突然而深重，受挫者对挫折的容忍力又小，就会陷入万念俱灭的地步而不能自拔。这时，如再得不到外力的帮助，就可能自暴自弃，将自身作为迁怒的对象，产生轻生厌世行为。所以思想政治工作要及时，适当，以消除或减弱由于挫折所产生的心理压力。

再看心理防卫方式。这是指一个人受到挫折后，采取一些暂时减轻受挫感的自我防卫方式，以获得一时的心理宽慰，避免或减少焦虑的发生。

心理防卫方式有：

1．投射作用

一个人把自己身上存在的不良品质强加于别人身上，以保护自己，并以此为自己的行为辩护，这就是投射作用的表现。把自己的不良品质投射到别人身上，会减轻自己的内疚、不安和焦虑。例如，有的人本来是自己对他人有成见，但反诬他人对自己有成见，“以己之心度他人之腹”，就属于投射作用。采取投射方式的人中，多属于多血质和粘液质气质类型的人。

2. 文饰作用

人在受到挫折后，会想出各种理由原谅自己或者为自己的失败辩解。文饰作用起着自我安慰的作用，类似于“阿Q精神”自我解嘲。如一个学生考试成绩不好，会用“我不做死用功的书呆子”为由安慰自己。采取文饰行为的人中多以多血质的人居多。

3. 替代作用

指个人的某种动机受到挫折不能达到目标后，以另一种目标来代替。如有的人在运动场上无法胜过他人，因而在学习上加倍努力，期望在学习成绩上超过他人以维持自尊。替代作用实际上是一种扬长避短的自我防卫方式。

4. 升华作用

指当个人的某种动机和愿望得不到满足而产生挫折感、焦虑情绪，能自我排解，控制自己的情绪，再从头做起，或继续奋斗，向更高层次的动机、愿望努力，例如把悲痛、愤怒等消极因素转化为积极行为；或有的人因为受挫折而发愤攻读或创作从而获得成功等，这些均可视为升华作用。

5. 表同作用

一个人把对别人的优秀品质、言行的模仿作为战胜挫折的手段，这是一种好的自我教育方式，因为“榜样的力量是无穷的”。

6. 压抑作用

压抑又称冷漠，即人在受挫折后，用意志力来压抑住焦虑的情绪反应，表现出正常的谈笑自若的状态。采取压抑方式的人中，抑郁质的人居多。

了解和掌握各种气质类型的人在挫折面前常见的行为和反应方式，对于增强工作的预见性，有效地防止一些恶性事故发生具有重要意义。

（三）思想政治工作的措施

生理学认为，人在遇到挫折发怒生气时，肾上腺分泌出一种肾上腺素。这种肾上腺素大量增加，会使人体内的血糖和血压升高，肌肉紧张度提高，情绪激动，自控能力逐渐减退。在这种情况下，别人的任何偏激语言，只能起到“火上浇油”的作用。因此，只有用温暖入耳的善言进行劝慰，才能使其降温减压，恢复平静。疏导工作要想方设法让其表达意见，把意见提出来，把情绪发泄出来，才能恢复常态。国外专门设立所谓“情绪发泄控制室”，有气的人可以进去尽情发泄。应当说，这种做法是符合心理科学的。有些方法对我们的思想政治工作不无启发。

现归纳为：

一是疏导、排解：疏导则要动之以情，在尊重、亲近的基础上，才能感化人，产生温暖的心理效应。

二是鼓励使用积极的升华、表同等适应方式消除挫折感。

升华可以使人从一种较低的动机挫折中解脱出来，重新产生另一种较高的、对社会更有益的动机。无疑，这对社会对工作是有益的。因此，只要有可能出现这种情况，思想政治工作者应大力引导。

积极的表同方式也是一种应该提倡的适应方法。榜样的作用可以大大增强人们克服困难的信心和决心。因此，我们应鼓励向英雄、向榜样学习，把他们作为表同的对象。表同的对象要具有典型性，确实堪称榜样

当然，这里首先要区分清楚，若谁是违犯党纪、政纪，违反规章制度造成损失挫折的话，在做思想政治工作时，要进行严肃批评教育，引导分清是非，提高觉悟，吸取教训。如果犯了国法，构成犯罪，则应依法办事。

业务管理：

播音员、主持人平日要认真学习马克思主义，因为马克思主

义是我党制定路线、方针、政策的理论依据。只有注重理论学习，才能对党的方针、政策加深理解，自觉地与党中央保持一致。

播音员、主持人还应认真阅读报纸，深入了解国内外的时事和事件的发展情况，边学习边积累。

有关内部的政策传达都应留心听，认真记，这对于播音员、主持人提纲挈领地把握播出稿件的精神实质是至关重要的。

播音员、主持人必须加强文化修养，随时学习新知识，学习兴趣要广泛，力求广博，文化基础深，只有知识广博才能赢得工作的主动权。

播音部门应多组织观察，向兄弟艺术学习借鉴，像画展、摄影展、花卉展等等，以陶冶性情，进行艺术熏陶为主的活动要多让播音员、主持人参加，以提高艺术修养。

部里要开展业务练兵、基本功的练习与比赛，排话剧、到社会上演出，即兴演讲或诗歌朗诵，使播音员、主持人不仅在播音室里，而且能在大庭广众中表演自如，播音自如，从中可以获得当众表演的体验，主持节目时就会一改拘谨之态而变得大度松驰自如。

严格工作制度：

时间观念与纪律性是安全播音的保证。播音员、主持人要值早晚班，排班时“一个萝卜一个坑”，如果一人担任早班迟到就会造成误播，重大政治新闻的误播就能造成外交上的被动局面，损失是无法弥补的。经过直播实践的播音员、主持人都有着极强的时间观念，这是职业特点培养出来的。

播音员、主持人尤其在准备好稿件后，一定要给带班的老播音员、主持人试播，一方面把理解不准确的地方纠正过来，另一方面可以从业务上提出改进意见，使播音质量迅速提高。

播音员、主持人备稿中的疑问要与编辑联系，有些重点稿件还要请编辑介绍一下背景情况和掌握的资料，以便从广义上加深对稿件的理解。播录后还要请编辑同志监听，层层把关，把差错消灭在播出之前。

学会合作，合作有顺时式合作和共时式合作。像播音员、主持人与诸环节的合作可称为顺时式合作，工作由若干工序组成，默契配合，依次完成。而播音员、主持人之间的合作，如对播、轮播等，可称为共时式合作。

无论是顺时式合作还是共时式合作，都要为了共同的目标团结协作，互送方便给别人，为别人、别道工序着想，发现漏洞互相弥补。一切为了准确无误地播出这个大局。绝不能把个人矛盾带到工作中去，要相互尊重，相互帮助，树立一切为了播出的观念。

坚持考核制度：

对播音员、主持人定期考核，是多出成果、快出人才的重要措施之一，定期考核也是知人善任，合理使用人才的基础。科学的考核能鼓励先进鞭策后进，是调动成员的积极性、创造性和进取精神的一种好办法。

由于播音工作时间性强，日常播出业务紧张，使不少单位处于应付工作，无暇无力提高业务。从领导角度看缺乏长远观点，没有尽全力创造条件帮助播音员、主持人提高素质。从播音员、主持人个体角度看，满足于“胜任”工作，对自身发展、完善、充实缺乏内驱力；过分看重经验、资历，没有紧迫感和责任感，这对播音队伍素质的提高是极为不利的，要想改变现状，就要加强队伍管理，建立定期的考核制度。

1. 考核条件

选好考核项目。考核项目选择适当，就能反映出参加考核者成绩的优劣；考核项目不当，考核结果将与真正成绩发生较大偏差。

考核确定成绩优劣应以事实为依据，不能以评定人的主观印象确定。

2. 考核的基本原则：

坚持全面考核原则
- 政策水平
- 责任心
- 工作积极性
- 人际关系能力

强调突出贡献原则，强调贡献为主，但贡献的形式是各种各样的。如从事基础研究的贡献主要以论文形式表现出来。不仅要看论文的数量多少，而且也要看论文的质量水平。从事播音实践工作的，主要看有哪些具有社会影响的代表作品，（当然也含有论文形式）或讲课次数与对象。

五. 个体心理健康与心理卫生

维护播音员、主持人心理健康是心理管理的一个重要组成部分。因为人的心理健康水平对人的行为以及工作效率有很大影响。

人的健康包括生理健康与心理健康两方面，一般人重视生理健康，而对心理健康往往重视不够。其实心理健康对人的情绪、工作效率等各方面都有影响，一定要引起重视。

心理健康应该具有健康的情绪：

1. 情绪安定，没有不必要的紧张感与莫须有的不安感；
2. 能够把气馁心转向到具有创造性与建议性的方面；
3. 对别人的情绪容易同感；
4. 具有喜欢别人与受别人喜欢的能力；
5. 能表现出与发育阶段相适应的情绪；
6. 具有自信，善于与别人交往；
7. 既能自己满足，也能接受帮助，两者能保持平衡；

8. 为了将来的、现在的需要得不到满足能忍受；

9. 善于生活。

影响心理健康的心理有：

1. 人际关系紧张（要及时调整，防止人际关系紧张）；

2. 心理压力（要善于调解心理压力的强度，保持身心健康）；

3. 忧郁（要多与人谈心，友谊温暖是排除忧郁的心理力量）；

4. 长期的应激状态（培养乐观、坚强的性格）；

5. 多疑（引导人们正确认识客观事物，锻炼开阔的胸襟）。

附录：学生论文四篇

关于受众心理分析之分析

96级硕士研究生　李洪岩

大众传播学理论很重要的一个贡献便是把受众纳入到传播过程之中，与之相应地，心理学以及接受美学理论也更多地应用到传播工作中。应该说重视受众是对的，但若因此产生迎合受众的心理及采取相应的行动则是不科学的。但遗憾的是，这种情况已经出现，甚至于还有为数不少的人以“受众是上帝”作为标榜其立场的口号；本该受到重视并应大有作为的受众心理分析领域也因此出现了一些混乱情况。所以，在我们努力做好受众心理分析工作之前，有必要先对受众心理分析问题进行一下分析，正如人们在思想问题时，有必要先思想一下思想，这种哲学式的反思在任何时候都是应该有的，而且也是极有必要的。

以下我们所做的工作便是进行这样一种反思，是对一个课题的整体反思而不是对某一个对象的具体考察。这个课题便是受众心理分析，其焦点集中在模式、目的和方法这三个问题上。

一．受众不是上帝——模式分析

把受众观念引进传播学理论不是一蹴而就的，而是经过了几个过程，简言之就是传播模式不断发展演变的过程，受众中心论应当处在这个发展过程中的较高阶段。受众观念的确立使得传播过程形成了一个完整的循环系统，即从信息发出、接收到反馈可以完成一次相对完整的传播。应该承认，就这一模式的产生或者说这一模式的被发现本身来说是传播理论的一大进步，可由于人们对这一理论的曲解而带来的混乱更堪忧，“受众是上帝”一说便是其中的极端表现。

“受众是上帝”，这是为数不少的人所标榜的口号。持这一观点的人认为，传者所做的工作就是制作受众想听想看的节目，报道受众想了解的事件，只要受众的指挥棒指到哪里，传者的工作就要做到哪里。姑且不论以目前的技术能力以及在客观条件制约下传者能否完成受众要求的工作，单就那些在传者能力范围之内的事来说，也不是随意做的。就新闻报道来说，不是所有发生的事件都可以报道，也不是所有发生的事件都值得报道，它要具有典型性，具有新闻价值；同时，还要注意正面报道与反面报道的比例安排，坚持以正面报道为主的宣传方向。而要想做到这一点，就不可能以“受众是上帝”为自己的宣传口号。

当然，我们在断言受众不是上帝的同时，不能也不会走上“枪弹论”（传者宣传什么受众便接受什么的传播模式论）之路，换言之，我们不专门强调受众一方，也不专门强调传者一方，科学的态度是要重视活跃的传受双方。

还有一点需要说明，那就是不要使模式固定化，因为模式毕竟是一种观念形态，是人们对客观规律的认识总结。一方面人们的认识能力不可能终极真理，另一方面，客观事物本身也是不断发展变化的。如果把模式作为终极真理，那么无论从理论上还是实践上都意味着其生命的终结。

二．不要迎合受众——目的分析

迎合受众的论调与现象在广播电视界并不少见，持有此论者自认为这是为受众服务意识的表现，而实际上，这恰恰是对受众的欺骗，是对传者自身与受众的双重不信任，而极端情况下甚至是为懒惰进行的一种辩护。

我们的知识，受众的欣赏口味是不断变化的，欣赏水平是不断提高的，受众曾经喜欢的未必现在依然喜欢。“迎合受众论”者最关心的往往是受众目前喜欢什么，但在其“迎合”心态的影响下，他的目光往往只能注意到受众喜欢过的东西，因此便不厌其烦地给受众似曾相识的东西。其结果是导致节目的整体质量长期徘徊不前，最终失去自己的受众群。这是其一。

其二，人们有追求新奇的心理，总想看一些负面的、灾难性的报道。而事实上，新闻对客观世界的反映是能动的，不能被动地有闻必录，同时，新闻是对客观世界的反映，这种主流与支流、正面与负面的比例关系也是显而易见的，加之还要把握正确的舆论导向，凡此种种，都要求传者要主动地做好传播工作，而不是被动地迎合受众。

其三，广播电视肩负着教育培养受众的职能，其所做的工作除了要满足受众的合理需要外，还要提高受众的思想、文化、道德素质。换言之，传者除了要为已有的受众群工作，还要为未有的受众群工作——即培养受众群。这是广播电视很重要的职能之一。

其四，说“迎合受众在极端情况下是懒惰的表现”也并非戏言，迎合往往讨巧，超前往往寂寞，这也已是不争的事实。

三．收视率调查不能代替受众心理分析——方法分析

从诸如模式之类的理论角度来看，人们对受众似已相当重视，但实际上却并非如此，至少是做得不够完善。目前人们了解受众情况时多是采取收视率调查的方式，以此作为检验节目质量的标准，甚至以收视率调查作为受众心理分析的替代品。这种理解是不对的，这种做法也是不够的。

首先，收视率调查是一种定量分析，而受众心理分析是一种

定性分析，两者不是一回事。不能简单地把收视率调查作为检验节目质量的标准，因为这种调查本身已显示，很多节目的衡量标准是多重的而非单一的，比如说，很多娱乐性节目比社教类节目有更大的受众群，可是没有人否认后一类节目的社会价值，两者也不能做简单的质量比较。

其次，收视率调查本身并非是一种成熟的调查方式。北京广播学院的张颂教授在第七届全国广播电视系统高职班上的讲座中曾提出一种意见，认为只有带有评论性质的收视率调查才是比较成熟的调查方式。我认为这一断言中至少包含有一种合理因素，那就是只有带有评论性质，其调查本身才能包含有定性的成分，并充分考虑到多种衡量标准，其结果才更全面、更可靠。

还有一点需要说明，受众心理分析应该借鉴其他科学（如接受美学、艺术心理学）的学术成果，以此思考自己的调查对象、研究方法，使其结果更具参考性和权威性。

总之，在进行受众心理分析时，不要囿于某一模式的限制，以免束缚自己的手脚；不要以迎合受众为目的，还要注意引导受众；不要只对受众“已有”的心理进行分析，还要对受众“应有”的心理进行分析。这并非是生硬的规则，而是对“受众心理分析问题”的分析结果，其不旨在解决问题上，不旨在进行具体的受众心理分析上，而旨在提供思路和辨明方向上，对于广大的广播电视工作者来说，具体的方法当然是必需的，但哲学式的思考更具有指导意义。

参考资料：

①张颂教授在第七届全国广播电视系统高职班上的讲话，1997 年。

②《中国哲学史简编》冯友兰著，北京大学出版社，1996 年 9 月版。（作者系北京广播学院播音主持艺术学院研究生）

学习播音主持心理学
——浅谈播音与受众的交流

北广 98 级播音研修　姜立安

如果你与你的朋友围坐交谈，你会很自然地去说话，这时你的节奏，音高，语气似乎都是自然而然的，用不着刻意去揣摩，因为你有明确的、且为你所了解的对象，有确定的交流目的，同时也有及时的交流反馈。然而，当你们在直播室或录音间里，面对着金属的话筒和仪器，你可能会发现，如果与并不明确和不在眼前的受众进行交流是个值得研究的重要课题。

我们说没有受众就不必有传播。而在传播中播音员主持人是传播成功与否的重要因素。一个播音员或主持人，他的传播方式得不到受众的认同、共鸣和赞赏，他就会削弱传播媒体应有的作用。在实际工作中我们发现，有些缺乏经验和理论指导的播音员，播音时或拒人千里之外，或娇嗲亲昵，或自说自话，或拖沓随便，常使受众产生反感、厌恶、莫名其妙或不愿接受等心理。那么，如何使自己的播音主持能“抓住听众”，使之产生积极的、合作的、有共鸣感的交流呢？以下笔者结合播音心理学知识和工作实际谈几点浅见。

一．揣着目的而来

这是拿到一篇播音稿或在播音主持前首先要明确的问题：我播出或主持这个节目，目的是什么，是让听众有所知？有所悦？有所思？还是有所感？你的目的不明确，受众往往就摸不着头脑，无法与你交流。有的播音员一拿到稿件就急急忙忙划分层次段落，划出停顿和重音，把注意力集中在稿件的播音技巧上，而对为什么而播，用什么心态，带什么愿望来播却不做分析，以至于常常播出的稿件虽然字正腔圆，合乎规范却缺乏对稿件的驾驭感和清醒主动的播出愿望，只让人觉得这是一位经过正规训练的播音匠。笔者比较欣赏中央电视台新闻播音员海霞。她端庄大方地坐在那里，面带微笑，积极而专注地看着你，她的神态，语气，节奏好象在告诉你：我有很多消息要告诉你，我的职责就是为你服务，让你足不出户，便知天下之事。这种热情积极的播讲愿望很能感染你，让你不自觉地去关注她说的每一件事情。而这时候，海霞的播音也显得自然流畅，表达到位，这可能是因为目的方向明确后，以情带声而谈吐自若。因而，当你要播一篇稿件或主持一个节目的时候，一定要首先明确你播出的目的，并始终让这个目的引导和带动着你，使整个过程被一种氛围和基调所主宰。使自己处于一种清醒、主动的状态。记住，一个出色的播者是用脑播音，而不仅仅是用声。

二．摸清对象再说

中国人讲究做任何事都要“知己知彼”。播音也必须如此。一个搞不清自己的受众的播音员，就像站在灯光耀眼的舞台上的新手，感到台下是一片茫然；而独坐与外界隔离的录音室或演播间，茫然感常常较此更甚。你会因为不明确究竟在对谁讲而难定自己的音高、语气，往往造成因“目中无人”而声中无情。那么，如何确定自己的受众对象呢？

一般说来广播电视的受众是很宽泛的，而播音主持时往往也只能寻找一种虚拟的对象，但我们在实际工作中，还是可以借助一些方式方法，来帮助我们寻找到对象感。

（一）根据节目性质来设想它的对象群

像《小喇叭》、《对农村广播》、《军事天地》、《文艺星空》等等，针对不同的年龄、职业和爱好群体，可以体会分析受众的品位、知识水平和需求，从而确定与之交流的播音方式，一旦把握了一个群体的特征，那种与受众的熟悉感、亲切感就会油然而生。当然，不是所有的节目都有明确的受众群，有的是交叉的，笼统的甚至是难以界定的。这时候，你可以从把握播出目的入手，再设定一个或几个熟悉的人做对象，做真诚的交流。这时切忌那种面面俱到，八面玲珑，基调不定的播音主持，这样只会使人觉得虚假做作，不愿与你交流。记住播音员主持人不是演员，真实和生活是他的基础。

（二）根据节目的播出时间来设定受众此时的生活情状

这种情况在广播的直播节目中尤为突出。在一天的不同时间段：早、中、晚、夜半、凌晨，以及在不同的日子里：节假日、纪念日、活动日，听众会有不同的情绪状态和收听（看）需求，不仅媒体节目的设置要与之配合，我们播音主持的风格、气氛也应与之相融。如早间的新闻是在一天的开始，给人以清新、振奋、热情之感；午间小憩，受众常在饭桌旁，播音突出明快、轻松、亲切；晚间的新闻联播是在受众结束一天工作，心定神闲，想详细了解国事、天下事的时段，新闻播音庄重大气，充分体现传媒服务、引导和舆论监督的社会功能。另外，我们发现深夜的广播节目往往是各地电台最受欢迎的节目之一，很多主持人声望较 高。这是因为夜深人静之时也正是人们反思、追忆和剖解人生的时候，传播者与受众一对一的真诚交流，主持人易于明确对象感，在交流中双方建立一种朋友般的信任，而这种敞开心扉的交谈又与夜晚的静宓深沉相和谐。试想这个节目要是搬到清晨的话，该是怎样一种别扭的感觉。

在不同的节庆日子，主持人要了解不同节目的内涵，如民族的、外来的；传统的、现代的；喜庆的、厚重的等，以与之相谐的主持播音方式去烘托这个节日的特有气氛。

三．丰富对受众的感性认识

大家知道，与受众交流难的一个重要原因就是受众的间接性。它不像教师在课堂上直接面对自己所熟知的学生们，即使在现场主持也常因对受众不了解而心里没底，那么如何克服间接性带来的交流障碍呢？

1．功夫在诗外。要想准确地把握受众对象，要在设定这个节目时就对受众群众分析调查。这个工作做得越准确越充分，日后的交流就越容易，有时可以借助有关专家和调查公司去完成这个工作。

2．结交受众代表。这是我重点要谈的一点：让你的大脑中存在有名有姓的为你所了解的听众代表，也就是说，要交受众朋友。常常我们可以通过受众座谈、联谊，建听友会等方式，直接接触和了解受众。也可以建立与某位受众的经常性联系。这些活生生的形象会在你播音主持时来到你的眼前，让你很快找到交流感。同时，这种交流也可以及时帮助你调整播讲方式和内容。一位在电台主持文学节目的小伙子，一开始总觉得自己阅读广泛，见解独到，所请嘉宾也够权威，节目中总有些指点迷津的味道。可是在一次听友会之后他发现，自己的受众群中有很多是大学中文系的老师和学生，同时有很多文学发烧友，他们的所知所见可能并不在他之下。他感到了自己这种说教式语气的不得体，此后改为了探讨式的交流，并常通过热线或播读来信交流大家的看法，这样使得这个栏目越办越受欢迎，而他在主持时对对象的把握也更加有针对性。

3．走到主持台下。这一点尤其针对现场主持。如前面所提，有时你即使在现场面对观众，却也会因并不相互了解而相互隔阂。这时你最好在主持前进行一些了解。知道观众的组成部分，观看愿望等。这些可由组织活动的单位提供，也可以自己直接找几位观众攀谈，从心理上消除对观众的陌生感。《实话实说》的主持人崔永元常常在实拍之前要与现场观众进行很放松很亲切的交谈，在交谈中了解观众的水平与想法，也让观众熟悉自己，彼此产生“朋友感”。因此在一期期节目中我们才会看到他们家人般放松自然的神态，真实的谈吐，主持人与受众呼应交融。再如一段我自己经历的事。去年年底的一天我突然接受了一个文艺演出的主持任务，离演出只有30分钟。在了解了节目单和演员之后，我走下台去，了解到台下的观众中有一大半儿是来自我省老区的地市领导和县、乡、村级干部，他们集中在六安市开年终的工作总结会。这晚是在开会间歇兴致勃勃来欣赏来自首都，包括谢芳、刘江、李光曦等老艺术家在内的演出。了解这些后，我立即觉得台上台下都有我熟悉的人，而我是他们的纽带，我要让他们交流起来。带着这个愿望我热情地走向舞台。虽然聚光灯打得我根本看不清黑压压的观众席，可我已心中有人。我抛开了程式化的开场白，以热情的大音量和亲切的朋友式语调开场：

“各位领导、来宾，各位（略顿）来自基层一线的县乡村的父母官们，大家好！（笑声、掌声）（声调降低）这是1997年一个平常而特殊的夜晚，在我们总结过去规划来年之际，大家相聚一堂，（声调扬起）观看来自首都的一批德高望重的老艺术家的演出。（声调下降，更为生活化）我想在座的各位中有不少人伴着他们所塑造的难忘形象和动人歌声度过了自己美好的年华，（声音上扬，热情）祝愿有一天当我们回首人生时，也象我们的老艺术家们一样，豪情满怀，硕果累累！（热烈的掌声）”

此后的演出中，台上台下水乳交融，演员与观众始终热情高涨，而我则根据对观众的知识和兴趣的判断来不断调整我主持的内容。不时地将台下的观众与台上的演员联系起来。这次主持给我留下了深刻的印象，它使我感悟到一个好的播音员、主持人，不仅要吃透自己要说什么，更要了解说给谁听，他们想听什么，这样，自然能找到恰当的表达方法，达到理想的表达效果。

四．抓住交流的时代感

播音是时代的艺术。的确，脱离了时代特征，一切都无从依附，传者与受众的交流在不同的时代也有不同的特点。

记得我童年时代，文革风烟正浓，记忆中播音员的声音一律是嘹亮威严、气势压人，总像在万人大会现场。甚至播“天气预报”时都肃穆庄严。改革开放后，电台逐渐变得可以亲近，这很大程度是因为播音风格的改革。播音员的架子放下了。音调降低了，听众从万人会场回到了家中。改革开放以后，解放思想，百花齐放，各种电台的系列台，电视台以及直播的出现使广播电视深入到社会生活的各个方面。各种播音主持的风格流派因不同的需要而诞生。在这其中，不乏既传承老一代的播音理论经验，又紧贴时代的政治经济文化及生活特征，为受众喜闻乐听的风格与流派：如虹云、陈铎如师如友的娓娓道来；林如介于播与说之间的新闻播送；赵忠祥云遮月般含蓄灵动的电视解说；叶惠贤机智、轻松而又儒雅的主持；敬一丹、白岩松冷峻、坦诚的交谈式风格；王雪纯邻家女孩般的活泼、自然之气……所有这些凭借着高科技手段，使今天的广播电视事业生机勃勃、气象万千，发挥着越来越强大的社会功能。当然，在如何与受众交流中也出现了一些值得反思，或令人难以接受的倾向。比如错误地认为与听众交流就是讨好听众，甚至迎合一些庸俗低级的情趣；还有盲目地追求播音的所谓生活化，把轻松自然变成了随便放肆，播音主持时像在家里一样，丝毫不注重语言艺术、声音美感，乃至职业道德。一段时间让人觉得大致能操普通话的都能做主持人。这些现象常令受众反感、厌恶，同时也损害了播音主持队伍的整体形象。

总之，随着时代的进步，生活的提高，广电媒体越发渗透到生活的各个层面。在如今发扬民主，尊重个性的人文环境下，传播者不是高压式的宣传，权威式的灌输，而是深入到最小的社会细胞，面对一个家庭一个人或几个人作平等的交流。播音员、主持人是受众与社会的媒介，是服务者，也是宣传者、引导者。他与受众平等互尊，又有一定认识高度；让受众感到亲近可信又有一点距离（这种距离是由敬佩喜爱而产生，非有意做出），他富有感召力，可以陶冶、影响甚至改变受众的趣味与需求。这个时代呼唤智慧，博学，有主见，有个性的播音主持，一个优秀的主持人往往是一个民族的良好形象的代表。

以上几点是我对播音员主持人如何与受众交流的几点个人见解。有很多不成熟和不全面之处，愿能给同道中人些微启发，并望批评指教。

浅谈不同播讲方式的心理差异

——学习《播音主持心理学》后的一点感悟

北广98级播音研修　窦秋萍

随着时代的发展，在我国涌现出了越来越多的节目主持人，而其中的大多数又是由播音员转化而来的。节目主持人要具备的最基本素质之一就是口齿清晰，语言流畅，语音纯正，而播音员恰恰在这方面占了先天的优势。应该说，节目主持人和电视播音员在外在的表现形式及内在的心理素质上既有相似之处，也有差异。

我是一名地方电视台的新闻工作人员。起初到电视台工作时，是做电视节目主持人，记者，后期做专职播音员，与大多数人由播音员过渡到节目主持人的顺序不同。又通过近半年来对《播音心理学》的深入学习，仅在此尝试做些播音员与主持人播讲心理差异方面上的浅显论述。

一．时态感上的心理差异

所谓时态，顾名思义是指时间的状态，是指一种动作、行为或事件在什么时候发生，分为现在时，过去时和将来时，时态感则是指人对这三种不同时间环境的感受或感应。这种时态感作用于人的心理，直接决定着讲话人的情态、语气、语调以及讲话人与所讲事件的关系和在事件中所处的位置。播音员所播出的搞件及报道的事件，一般都是已发生过了的事情，（当然，不包括卫星传送、现场直播）。这样，就给播音员的播讲心理提出一个时态感受，还要注意到观众的关注心理及在时态把握上的分寸性，才会获得从容不迫，寄激情于平静之中，寓倾向性于客观报道之中的效果。

节目主持人在时态感上与播音员的区别在于，节目主持人在主持节目时的心理状态应处于现在时或进行时，例如，中央电视台的《实话实说》及《正大综艺》等节目，主持人大多是身在其中，身临其境，这样在语气、语调上创造了恰当把握这种现场进行感的良好条件。节目主持人的创作活动，一部分可能是在主持节目之前已撰写成稿，但更多的是现场的随机应变，即兴发挥，使节目能显示出生动、活泼的热烈气氛，也只有这样，才能将主持人自己与节目参与者，与屏幕前的观众融为一体，把观众的注意力和兴趣吸引到屏幕上来。

二．对象感上的心理差异

电视出像播音中，解决对象感的问题是极为重要的课题，对象感的强弱，直接关系着宣传效果与播讲人的个人威信。一个新闻播音员面对摄像机，首先要做的是调整心理状态，找出最佳对象感的心理反映，也就是充分进入对象感的想象和想象的环境之中。

由于播音员所播的稿件内容涉及政治、经济、文化等各个方面，因此，播音员对观众的设想不一定非要特定的，具体的，但一定要感觉到确有观众的存在，而且他们也正在全神贯注地收听着你的播讲内容。并且，要不时地提醒自己：观众在电视机前看着我，此时，我正对着他们讲话，他们不只是看我的嘴在动、在讲，而是在听其内容之时体察我的表情和心理活动，从某种意义上说，也就是体察我在心理上是否承认了事件内容，承认了他们的存在。没有对象感的播读，通常给人一种自言自语、无的放矢、苍白无力的感觉。观众自然会觉得“与己无关”，这样就会大大削弱宣传效果。而播音员只有解决好了对象感问题，才能与观众心对心地交流，才能保持住饱满的热情及强烈的播讲愿望，播音员不仅要达到“我说你听”，而且要力争“我说你信”。

节目主持人就有所不同了。由于主持人栏目的固定性，决定了收看对象的相对稳定性，这就要求主持人在对象的想象中应强调具体化。他必须以个人对个人或一部分人的形式来适应观众收看时的心理，从心理上形成：自己是观众的“老朋友”、“老相识”或是他们其中的一员，并以观众最易于接受的口吻、语气，来扣动其心弦，引发他们的共鸣，再以想象中的观众反映来调动自己的情感活动，使对象感的误差降低到最低限度，使主持人与观众间的交流达到与实际生活的最大相似。主持人时而向着一位真实存在的观众直接呼唤，时而又仿佛走出了屏幕，拆除了与观众间的屏幕间隔。

三．距离感上的心理差异

新闻播音员的转述性决定了他在播音时与事件与观众心理距离上的客观性。播音员在转述记者编辑采访报道事件以及党的方针政策时，他的心理状态应是站在事件之外，尤其新闻播音不仅涉及国内新闻而且涉及国际上发生的重大事件，心理上的距离感是保证播音员客观公正的评述，实事求是的报道，以及情绪、语气、调值等诸方面庄重平稳的内在因素。只有首先在心理上正确稳妥地把握住这样的距离感，才能克服播音中不宜表现的过分主观渲染的色彩，克服那种一览无遗地表现自己态度的倾向。这样，可以给观众留有更多的可信感和权威性。

相比之下，主持人的心理状态应该是：“我愉快地和你一起欣赏”，“我认真地和你一起思考”，“我诚恳地和你商讨”等等。他此时所处的位置恰恰应是在观众之间、在节目所设置的环境之中，心理距离应与观众更直接、更贴近。这是为了增强节目的感染力和可亲性，从荧屏中走向生活，走向观众。

只有缩小心理距离，才能使观众感到具体真实，也只有具体、真实的主持人，才能与观众自然地交流，才能取得观众的信任，在观众中建立威信，从而不断扩大节目的影响。尤其是重大节目中的主持人，与演员，与观众能更直接的交流，并且有一定的时空气氛，环境在自己消除了主持人心理上的距离感，完全可以形成感情的自然流露，这样，就能调动并积极发挥主观情感，发挥主持人的聪明才智，达到热情、真挚，亲切的交流，把握整个节目的情绪脉搏，使节目熠熠生辉。

四．形象感上的心理差异

准确、健康的心理状态，是成功塑造电视形象的最基本保障。人类的感情变化是丰富多采的，所要传递的信息和担负的宣传任务是各式各样的，感人之理，动人之情都是由衷而发。要做到这一点，无论是播音员还是节目主持人，首先要塑造的并不是外在形象，要明确自己在节目中所处的位置，寻找正确形象的心理支撑点，不是看仪表是否美观，是否大方，是否庄重等等，而是先要努力塑造好正确的心理形象。

在摄像机前，新闻播音员，必须首先从心理上意识到，此时的自己，既不是以个人的身份，也不是以稿件作者的身份播音，而是在以党的宣传员的身份，向观众传达党的声音。这时的个人已和全局、国家、政党融为一体，统一在摄像机前的播音创作中了。

此时此刻，新闻播音员的心理形象，应当是一个博大的“我”，而绝非具体的“我”了。只有这样的心理，播音员才能纳万千信息于胸中，才能有说天下事的气度。当然，博大的“我”这一心理形象，并不是外在的装模作样、盛气凌人，摆出教导人的一种架式，而是客观、冷静、忠实、诚恳地传达和评说。一个播音员应是自信而有节制，自强而知限度，自尊而懂得分寸，也只有这样的心理感应，才能给新闻的可信性与权威性奠定牢固的基础，才能收到最佳的播讲效果。

而节目主持人在摄像机前的心理形象与新闻播音员相比较，就不尽相同了。

节目主持人的心理形象应该是：意识到自己或是观众的“老朋友”，“老相识”，或是观众的“代表人”，要求他要突出地表现出自己的独特个性。主持人节目，无论是知识性的，还是娱乐性的，都是社会现实在节目主持人头脑中反映的产物，每一个具备鲜明个性的节目主持人对形形色色的现实都有一种不同于他人的独特感受和认识。

当节目主持人是以编、采、播合一的形式出现在观众面前时，就更有它的主观色彩了。在节目主持中他要根据节目的内容，靠情绪真实的起伏，时而亲切地娓娓说来，时而慷慨激昂，时而妙语连珠，时而幽默风趣。他应采取促膝谈心的谈话方式，像朋友一样亲切自然、热情诚恳，以心声感人，使观众觉得可亲近、可信赖。此时，他的心理形象应是一个切切实实的具体的我，而不代表任何人。

五．“个性”的差异

“个性”是节目主持人形象的一个突出特点，何谓“个性”？个性是指在其内在的心理素质的基础上，在一定社会历史条件下，通过社会生活的实践和陶冶，逐步形成的观念、态度与习惯在节目里的真实反映。严格地说，播音员在节目里不表现他的个性。因为他所表现的内容不是以他的眼光看世界，而是用他的口来转达别人的意思。他可以通过对稿件的完美表达，也就是说在完全忠实原作原则的基础上，溶进自己的心理感受、理解，在他现有的阅历和审美理想规定的范围内，表现出他对于稿件的独特感受。但这种再创造表现出来的是一种播音风格，而不是一个有个性的人。

节目主持人则不同。他是一个以个人真实身份出现在节目中的，所表达的都是已经溶为自己的东西。因此他不代表其他人。他以自己个人的见解参与社会讨论，以自己人生中的酸、甜、苦、辣直接和听友进行交流、探索人生，以自己的观念和态度真实地反映自身的世界观，从而创造出一个有血有肉的真实的人物形象。

相比较而言，主持人的心理过程比较简洁，主持人在话筒前一般不必再次去感受客观世界，因为在采编的过程中，他已经把节目内容化为自己的东西了。播音员是情感的描述者，是以稿件为创作依据的，而稿件的优劣，往往会影响播音员的创作态度。好的稿件，可以为播音员提供一个很好的创造心境。在这种情况下，播音员会产生一种强烈的表达愿望，从而积极调动自身掌握的各种表达技巧进入创作状态。反之，则容易造成播音员的紧张心理，并产生厌恶感。

因此，播音员转化为节目主持人，必须注意调节心理感觉，增强自我意识，要最大限度地松弛身心，久而久之在话筒前就会找到与听友、观众的那种朋友式的关系，进而能够达到谈笑自如的地步。

全面比较主持人与播音员的差异，还有很多点，我只就感触较深的几个方面泛述一下。随着时间的推移，节目主持人与播音员会相互转化，但却不能相互取代，这就要求播音员与主持人，要不断努力提高自身的文化素质和心理素质，以适应精品节目的需要。

说什么与怎么说
——兼谈节目主持人素质培养

北广98级播音研修 孙占山

“（主持人）必须长期关注和研究普通的社会心理现象，在某种意义上他应该是一名实践型，感受型的社会心理学家，他对广大观众日常生活中正遇到和关心的问题有足够的发言权，而他的发言水准又应高于多数观众，具有广泛启发性。……”

——余秋雨

自本世纪30年代末英国广播公司（BBC）开设世界上第一家公众电视台以来，电视文化犹如一匹脱缰的野马迅速地向前发展，并渐渐渗透到现实社会的各个领域，左右着人们的日常生活，其穿透力和影响力是其他文化无可比拟的。而我们这些现代人似乎也无法摆脱电视这一“大众情人”的纠缠，对它产生情感和心理上的依赖。通过小小荧屏，人们能够洞察地球各个角落发生的重大事件，诸如伊拉克核查危机、香港回归，克林顿被弹劾等；可以获取像股票期货的涨跌，天气预报等最新的信息；当然也能欣赏到明星荟萃的文艺晚会，紧张激烈的体育赛事，以及情节扑朔迷离，爱情缠绵悱恻的电视连续剧。

几乎可以这样说，电视文化已经和唐诗、宋词，元曲和明清小说一样，成为我们所处的这个时代的重要文化特征。而作为电视节目灵魂和性格化象征的节目主持人也就应运而生，并迅速崛起，成为令人注目的公众人物。一个拥有相当文化底蕴，具有风趣言谈，潇洒举止的节目主持人不仅成为电视台的门面，某种程度上也被视作一个城市的文化标志。

电视节目主持人是现代都市的一个重要文化景观。

主持人纷纷登台亮相，给整个荧屏增色不少，但凭心而论，值得称道的，能给人留下深刻印象的却寥寥无几。这使得我们在庆幸电视节目越来越丰富多彩的同时，也带来了几许遗憾和无奈。因为电视发展过程也是整个社会文化素养提高的过程，它们是相互依赖，相互促进的。

我们虽然不指望中国目前出现像克朗凯特这样指点江山、改变历史的伟大人物，但我们的主持人完全可以在个人风采上尽展身手。遗憾的是现在许多主持人除了有漂亮的脸蛋、圆润的声音以外，一无是处。如果我们稍加留意，就会经常听到广播、电视节目主持人念错别字，有些还是常识错误。有时大家以讹传讹，有人出来指出时，还会被人嘲笑没有文化，因为主持人这样说的。如果我们主持是这样指点江山，挥洒文字的话，是否是我们整个社会的极大悲哀？

当然，也有把有知识修养的学者请来作主持人，但有时他坐在那里干巴巴地说着令人乏味的术语，完全显不出一丁点的魅力。所以要把知识修养和个人魅力在电视上尽情地展现是一件非常困难的事情。

就在我们越来越能够容忍带有不够标准的语音和不够“漂亮”的声音的主持人的时候，我们却越来越苛求主持人的综合素养和个人魅力。节目主持人通俗的解释就是“说什么，怎么说”的具体实践者，而综合素养和个人魅力的优劣，正是这个实践成功与否的关键。

我们先来谈一谈综合素养，这应该是一种内在的东西。

一

主持人的综合素养包括对文化的浓厚的积淀和对生活的深刻体验。

每天晚上，人们打开电视机，总可以看到各式各样的主持人在那里“指点江山、激扬文字”，自然也就免不了让观众评头品足，说三道四一番。他们会说：“某某主持人没有味道。”这所谓的“味道”大概就是指主持人的文化内涵。

现在节目主持人的表现还不能让观众完全满意，这种“不满”起因于我们有些主持人缺乏应有的文化底蕴，不读书，不看报，主持一些娱乐性节目尚能凭经验要几分小聪明，说几句调侃话，以博得观众廉价的笑声；而真要主持另一些更具专业性内容的节目就显得捉襟见肘了。旅美钢琴家孔祥东先生曾讲过一个笑话：在交响乐演奏中，按惯例，乐章与乐章之间观众是不该鼓掌的，主持人就更不能在此时打断演奏而大肆“展示个性魅力”。其次，孔先生在音乐会上演奏柴可夫斯基《降 b 小调第一钢琴协奏曲》时，第一乐章刚结束，只见一位风姿绰约的女主持人“款款”走上舞台，“观众们，下面请欣赏第二乐章抒情的间奏曲……”惹得台下观众窃窃私语，顿时噪声四起。

有一则郑板桥画竹的传说，说是郑板桥画竹时无论是风竹、雨竹都会一挥而就，惟妙惟肖，形神兼备。能达到这种境界的原因就是他曾无数次观察过竹子在各种环境下的形态，有了丰厚的积累，真正是胸有成竹。

随着电视文化的飞速发展，其节目类型多种多样，传播内容包罗万象，这就要求节目主持人广泛阅读，博闻强记，融会贯通。无论政治历史，文化艺术，社会风情，还是天文地理，琴棋书画都应该有一定的涉猎。在知识结构上力求“专”、“深”与“广”、“博”相结合，做一个名副其实的“杂家”。汉代思想家王充说：“人有知学，则有力矣”。一个有文化，有知识的主持人才能赢得观众，才能拥有长久的艺术生命力，在激烈的竞争中立于不败之地。

同时，丰厚的文化积淀有助于主持人稳定的心理素质的培养。常言道，“艺高人胆大”，“艺高”是指专业技术水平而言，

"胆大"则是心理素质强弱的具体表征。"信心是建立在全面分析实力能力的基础之上的，实力雄厚就会立于不败之地。"我们经常看到优秀主持人在镜头前洋洋洒洒，雄辩滔滔，而且处惊不乱，充满自信。殊不知，这种自信是源于主持人丰富的文化积累，而这种积累又绝非一朝一夕的事，"不积跬步，无以至千里；不聚细流，无以至江河。"因此，主持人做有心人，经常读书看报。读书，使人汲取营养，拓宽视野；读书能增强人生命的原动力。因此，读书和不读书的主持人在境头前的表现真有天壤之别，诚如林语堂先生所言："那个没有养成读书习惯的人，以时间和空间而言，是受着眼前世界禁锢的……可是当他拿起一本好书，他立刻走进不同的世界，立刻接触到世界上一个最健谈的人。这个谈话者引导他前进，带他到一个不同的国度或时代……或者跟他讲述一些他从来不知道的学问或生活问题。"

就一定意义而言，主持人也应该是一本好书，而且是一本需要不断补充内容却又续不完的书。你始终应该给你的观众，听众新鲜的东西，始终应该知道你要"说什么"。

接下来，内容充实的你所要做的就应该是搞明白"怎么说"了，也就是如何来展示你做为一个主持人的语言魅力，让听众、观众来注意你，以达到传播的目的。

二

主持人艺术归根到底是一门语言艺术。古人说："书为心画，言为心声。"语言是人类思想最直接的表现，电视作为大众传播媒介自然离不开语言这一基础要素。一个好节目主持人往往善于充分展示语言的魅力。

我们经常会说"某某主持人很有个性，很有魅力。"其实并不是说他长相如何，而是因为他驾驭语言的能力很强，打动了观众、听众的心，才在观众心里打下了很深的烙印。比如，台湾著名节目主持人凌峰并不漂亮，甚至可以说比较丑，却依然被公认为很有魅力，也正因如此。

“语言是节目主持人智能修养，心态素质的外化，是衡量节目主持人水平高低的尺度。”主持人的语言既是一种个人行为，又是一种社会传播行为，其最终交际对象应该是电视机前千千万万的观众。媒介的意图，节目的宗旨主要是通过主持人的口头语言这个渠道传达出去的。因此，进一步加强语言修养，用规范的、艺术的语言传情达意，提高口头表达能力，从而使节目质量更上一层楼，是每一位节目主持人面临的常新课题。

我们在评论一个人讲得好的时候，不外乎这样几个形容词：“感人肺腑”，“声情并茂”，“幽默风趣”。

《文心雕龙·情采》中有这样一段话，“情者文之经，辞者理之纬；经正而后纬成，理定而后辞畅。”其实也就是说，表达者的感情直接影响着说话的效果，也影响着听话人的理解和接受。充满感情的话语能激动人心，催人奋进；有时又能使人泪下，引起听众、观众的强烈共鸣。在电视节目中，动人以情是主持人语言增强吸引力，受观众喜爱的重要因素之一。

1998 年 3 月 19 日，九届全国人大一次会议举行记者招待会，新当选的国务院总理朱镕基和四位副总理与中外记者见面，并回答了记者提问。新任总理朱镕基在招待会上所表现出的语言魅力，给观众、听众留下极为深刻的印象。在谈到中国改革的问题时，朱镕基总理认为改革最终只能成功，不许失败，在改革的道路上，必将遇到这样或那样的困难、阻力、甚至风险。对此，朱总理坚定地表示：“不管前面是地雷阵还是万丈深渊，我都将义无反顾、一往无前，鞠躬尽瘁，死而后已。”朱总理短短几句话，掷地有声、铿锵有力，饱含着对祖国对人民的拳拳赤诚之心，坐在电视机前的每个中国人无不为这种奉献精神深深感动。朱总理这种敢承担敢坚持的铮铮铁骨，正是中国改革最需要的。

这几句震撼人心的肺腑之言，一时把记者招待会推向了高潮，博得了会场经久不息的掌声。

演讲、报告、答记者问同主持节目一样，都是以一对众的形式出现的言语交际。在这个交际过程中，受众从来都不是被动的，情感上总是在进行着交流。如果说没有真情实感，只是一味地凭借漂亮的言辞，装腔作势，哗众取宠，这样做难以令人信服。

另外，在言语交际中，除了以真情实感恰当运用语言材料以外，副语言和态势语的作用也不容忽视。

传播要有对象，吸引对象的第一步是引起注意，使对象朝向和集中于一定的事实、问题、知识、观点、形象、声音等等。只有打开“注意”这道门，才谈得上认同、联系和保持传播状态。

而副语言和态势语的运用恰恰是引起注意的重要手段。

副语言作为一种伴随语言手段，“包括‘辅助语言’符号系统和‘语言外符号系统”。“前者是发声的系统，指的是音量、语调、音质、音高、发音清晰度等。后者指的是在言语中所加入的停顿，语速以及哭声、笑声、咳嗽声、打哈欠等口腔所发自然声。”态势语指人们在言语交际中的面部表面、身体姿态和动作。口语表达主要是依靠声音传情达意，面对面地进行交流，这是区别于书面语言的突出特点之一。因此，口头讲话时，还应当注意副语言和态势语的恰当使用，做到以声传情，声情并茂，这样才能感染受众。在电视传播中，节目主持人留给观众的印象，是言语、声音、目光、动作、姿态的统一体。因此，正确、得体地运用副语言和态势语，对主持人来说，尤为重要。

为了说明这一点，我们不妨再看一看朱镕基总理在记者招待会上的情景：

朱总理坐在主席台中央，面向观众，目光深邃有神，神态庄重自然。他用普通话讲话，吐字清晰，音质浑厚，透露出一种阳刚之气。语流有时如涓涓细流，舒缓自然；有时如滔天大浪，高昂激越。语调抑扬顿挫，得体有力。有时还借用手势来帮助说明。比如讲到国有企业的改革，朱总理说："从总体上讲，国有大中型亏损企业摆脱困境，三年——够了！"讲到"三年"时，声音稍稍延长，旨在引起听众的注意，稍作停顿后，右手一挥，十分肯定地说："够了"，结尾干净利落，坚决果断，充分表现了讲话者自信、乐观、轻松的心态。又如在讲到中央与香港的关系时，朱总理强调："……只要特区政府向中央提出要求，中央政府将不惜一切代价维护香港的繁荣与稳定，保护它的联系汇率制度。""不惜一切代价"这几个字在整句话中语速较其他部分缓和、语气更为凝重、坚定，显示了中国人民的决心和勇气：中央政府一定要全力以赴，像爱护自己的子女一样来保护香港！

语言是节目主持人思想和修养的载体，能否很好地驾驭语言是衡量节目主持人水准的重要依据。但是，作为一个优秀的节目主持人是绝对不能将丰厚的文化功底和其有个性魅力的语言驾驭能力割裂来谈的，文化底蕴是创造语言的基础，娴熟的语言驾驭能力又是表现文化的手段。语言魅力与内在美互为表里，缺一不可，也就是说，优秀的节目主持人既要知道该"说什么"，又得明白"怎么说"。

节目主持人的历史只有短短几十年，与其他艺术相比，节目主持艺术还只是处在其幼稚阶段，这就需要一大批有志于传播事业的人进行长期不懈的工作，使节目主持艺术踏上一个新台阶。

"路漫漫其修远兮，吾将上下而求索"，让我们共同努力吧！

主要参考书目

1.《普通心理学》(上下) 曹日昌　主编　人民教育出版社

2.《心理学与艺术》李璞珉　主编　首都师范大学出版社

2.《宣传心理学》[苏] 肖·阿·纳奇拉什维里　新华出版社

4.《新闻心理学漫谈》徐培汀、谭启泰编著　新华出版社

5.《趣味心理学》[苏] 柯·柯·普拉图诺夫著　张德译　吉林人民出版社

6.《艺术特征论》　文化艺术出版社

7.《闲情偶寄》(明) 李渔著　作家出版社

8.《艺术哲学》　丹纳　著　安徽文艺出版社

9.《文艺心理学论稿》　金开诚著　北京大学出版社

10.《现代社会心理学》　时蓉华　主编　华东师范大学出版社

11.《宗白华美学文学译文选》　北京大学出版社

12.《新闻采访方法论》　艾丰　著　人民日报出版社

13.《新闻批评心理学》　席文举　编著　四川人民出版社

14.《听众工作文集》　中国国际广播出版社

15.《管理心理学》　徐联仓、卢盛忠　编著　科学出版社

16.《新闻写作方法论》　艾丰　著　人民日报出版社

17.《中国应用电视学》　北京师范大学出版社

18.《美术心理学》 弗·谢·库金 著 周新 王燕春译 人民美术出版社

19.《歌唱医学基础》 冯荷富、齐忠政等 编著 上海科学技术出版社

20.《基础传播学》 段京藩 罗锐 兰州大学出版社

21.《中国古代心理学思想研究》 潘菽 高觉敷 主编 江西师范学院

22.《论播音艺术》张颂、乔实 著 北京广播学院出版社

23.《播音语言通论》张颂著 北京广播学院出版社

24.《真话实说》 鲁景超主编 光明日报出版社

后　　记

多年的播音和教学实践使我体验到探讨播音心理、研究播音员、主持人心理状态及其规律对提高教学和播音员、主持人的业务素质的必要性。于是，我在拼命吮吸着心理学养分的同时，开始了播音心理学的资料搜集和理论探讨，试图博采国内外多种艺术心理学、审美心理学著作的精辟见解，来阐释研究播音创作主体心理和受众接受心理的呼应及各自心理过程、心理变化及其规律，使对播音员、主持人由单一的业务素质训练扩大到播音员、主持人的心理素质训练的领域里，用心理学的观点解释播音训练中的一些问题，从而提高对播音员、主持人的训练质量。在此，谨向各位专家、学者致谢。

《播音主持心理学》一书的写作，曾得到张颂教授、曾庆瑞教授的支持和鼓励。张颂教授在百忙中审阅了原稿，提出宝贵意见和建议，并为本书作序。曾庆瑞教授为本书的写作给予热情的鼓励和指导。出版社的同志们为本书出了不少力，特别是王克瑞同志，提出了很多宝贵意见，在此向他们表示由衷的谢忱！

由于水平有限，谬误纰漏一定很多，恳请专家、学者及广大读者给予批评指正。

作者

1999年5月